Verlag Unterwegs

Das große AUTOKENNZEICHEN Buch

Wer kommt woher

Standard-Kennzeichen

Die Schilder der Standard-Kennzeichen sind weiß mit schwarzer Schrift. Sie besitzen vorne und hinten am Fahrzeug das Dienstsiegel der Stadt oder des Landkreises der Zulassung. Vor dem 1. Januar 2010 zugelassene Fahrzeuge tragen vorne noch die sechseckige Prüfplakette der Abgasuntersuchung. Seit diesem Datum ist die Abgasuntersuchung Teil der Hauptuntersuchung. Deswegen ist ...

(Mehr über Kennzeichen ab Seite 103!)

INHALT

IMPRESSUM

Dies ist eine Originalausgabe der
Unterwegs Verlag GmbH
Werner-von-Siemens-Str. 22, D-78224 Singen (Hohentwiel)
Tel. +49 77 31/8 38-0, Fax +49 77 31/8 38-19
info@unterwegs.de   www.unterwegs.de

ISBN 978-3-86112-355-2 – Im Display 5/5: ISBN 978-3-86112-356-9

Text und Redaktion: Thomas Schlegel, Pablo Klemann (Hrsg.)

Für redaktionelle Vorschläge und Hinweise bedanken wir uns bei
Prof. Dr. Adolf Hanle und Uwe Kunick.

Karte: freytag & berndt
Fotos: www.shutterstock.de

Leserinfos: Karl-Friedrich Braack; Marc Mück; Klaus-Peter Tabbert, Aschersleben; Norbert Schüler, Potsdam; Jochebed-Sibjlla Toren, Basel; Olaf Jaritz, Lienen; Helga Schmidt, Düsseldorf; Dieter Göbel, Hilpotsheim; Christa Schneemilch, Hamburg; Erich Kollmann, Fulda; Elisabeth Benen, Pfaffenhofen; Frank Hinrichs, Oldenburg; Heinz Berg, Staßfurt; Volker Dammann, Göttingen; Hartmut Kreiner, Schwaig; Christian Mauschner, Ebersbach; Gerd Weber, Gerhard Nickel, Dessau; Klaus Menzel, Kutenholz

Bibliografische Information der Deutschen Nationalbibliothek
Die Deutsche Nationalbibliothek verzeichnet diese Publikation in der Deutschen Nationalbibliografie; detaillierte bibliografische Daten sind im Internet über http://dnb.d-nb.de abrufbar.

DEUTSCHE AUTOKENNZEICHEN

Von A–Z nach Verwaltungsbezirken

Zum Text:
Die Jahreszahl in Klammern bezieht sich auf die Gründung des Landkreises bzw. dessen letzte Veränderungen zu seiner heutigen Form. Wenn es sich um einen Stadtkreis, Freie Stadt respektive Bundesland oder anderen Verwaltungsbezirk handelt, ist dies jeweils aufgeführt.

Für die Bundesländer wurden folgende Abkürzungen verwendet:

B	Berlin
Bay	Bayern
BW	Baden-Württemberg
BBG	Brandenburg
HB	Freie Hansestadt Bremen
He	Hessen
HH	Freie und Hansestadt Hamburg
MV	Mecklenburg-Vorpommern
NdS	Niedersachsen
NRW	Nordrhein-Westfalen
RP	Rheinland-Pfalz
Sa	Sachsen
SaAn	Sachsen-Anhalt
Saar	Saarland
SH	Schleswig-Holstein
Th	Thüringen

BOOM-ZEIT DEUTSCHER AUTOKENNZEICHEN

Deutschlands Kennzeichensystem – 1956 eingeführt und 1990 auf die neuen Länder übertragen – wurde seit 2012 dank Kennzeichenliberalisierung und Wiederausgabe bereits ausgelaufener Kennzeichen kräftig erweitert. Inzwischen sind die meisten „Altkennzeichen" wieder aktiviert. Heute sind über 700 deutsche Unterscheidungszeichen auf unseren Straßen unterwegs – so viele wie noch nie!

Für Schilderpuristen sind Autokennzeichen nicht nur willkürliche Buchstaben und Zahlen auf Blech, sondern definieren Herkunft, Zugehörigkeit und Identität des Fahrzeughalters. Jetzt können auch Bewohner nicht mehr bestehender Kreise ihr „altes" Kennzeichen wieder bekommen.

Es waren einige Rechtsänderungen bzw. Modifizierung der Fahrzeug-Zulassungsverordnung (FZV) notwendig – u.a. um den Grundsatz, „für einen bestimmten Verwaltungsbezirk gibt es (nur) ein bestimmtes Unterscheidungszeichen" an die neuen Gegebenheiten anzupassen, auch dass eine Zulassungsbehörde jetzt mehrere Unterscheidungszeichen zuteilen kann. Allerdings dürfen keine neuen Unterscheidungszeichen kreiert werden, höchstens dann, wenn ein neuer Verwaltungsbezirk gegründet wird.

Als Kuriosum sind zudem nun Unterscheidungszeichen im Verkehr, die von mehreren Landkreisen verwendet werden. Markantestes Beispiel ist BK, einerseits Kennzeichen für den (im Jahr 2007 geschaffenen) Landkreis Börde in Sachsen-Anhalt, andererseits für Backnang, dessen Eigenständigkeit mit der Verwaltungsreform in Baden-Württemberg 1973 endete. Denn auf Antrag einzelner Städte im Rems-Murr-Kreis (Sitz in Waiblingen, Kennzeichen WN) beschloss das Stuttgarter Verkehrsministerium, dass die Zulassungsstellen in Backnang, Schorndorf und Waiblingen seit 2013 das Unterscheidungszeichen BK für Neuzulassungen oder Ummeldungen wieder verwenden dürfen. Laien können am Landeswappen auf dem Kennzeichenschild am Fahrzeugheck erkennen, wo das mit BK gekennzeichnete Auto zugelassen ist, Fachleute auch an der Seriennummer.

○	Seit 2012/13 wiedereingeführte und optional wählbare „Altkennzeichen".
☆	„Alte", zur Wiedereinführung freigegebene Kennzeichen, die von den Ländern aber noch nicht beantragt wurden.

Augsburg (Stadtkreis, 1972 Bay). Augsburg mit über 2000-jähriger Geschichte ist eine der ältesten Städte Deutschlands. Hier wurde 1516 die erste Sozialsiedlung unter Jakob Fugger gegründet (Fuggerei). **F 15** A

Augsburg (1972 Bay). Der Kreis liegt im Alpenvorland und wird von der Wertach durchflossen, im Osten grenzt er an den Lech. Er umfasst die stark industrialisierten Randbereiche der Stadt Augsburg. **F 15** A

Ostalbkreis (Sitz in Aalen, 1973 BW). Römerstadt am Fuß der Schwäbischen Alb. Limes-Thermen, -Museum und Besucherbergwerk „Tiefer Stollen". **F 14** AA

Aschaffenburg (Stadtkreis, 1972 Bay). Nach Behebung schwerer Kriegszerstörungen ist die heute moderne Industriestadt im Westen des Spessarts der tradit. fränk.-bayerischen Vorposten im Rhein-Main-Gebiet. **E 12** AB

Aschaffenburg (1972 Bay). Im ländlich-industriellen Landkreis, der von der Mainebene bis zum waldigen Naturpark Spessart reicht (dort Wasserschloss Mespelbrunn), gibt man sich konservativ und katholisch. **E 11/12** AB

Altenburger Land (Sitz in Altenburg, 1995 Th). Residenz-, Spielkartenstadt. Sitz des Skatgerichts. Die Landschaft ist landwirtschaftlich geprägt mit vielen verstreuten, winzigen Bauerndörfern. **H 9/10** ABG

Anhalt-Bitterfeld (Köthen, 2007 SaAn). Viel Chemie in der Bitterfelder Region und das Solar Valley in Thalheim prägen den Süden des Kreises, den Norden schwarzerdige Landwirtschaft um Köthen und weites Agrarland. **H 8** ABI

StädteRegion Aachen (NRW). Seit 2009 vereint die moderne Verwaltungseinheit „StädteRegion Aachen" die Stadt Aachen und den vormals urpreußischen Landkreis Aachen. Berühmter Dom (als Kulturdenkmal Teil des UNESCO-Welterbes, jährliche Karlspreisverleihung), gemütliche und schicke Altstadt, viele Kneipen. Berühmteste Leckerei: „Aachener Printen". Ganz im Westen Deutschlands, im Dreiländereck von Aachen gelegen, trotz der stillgelegten deutsch-belgischen Vennbahn ein prosperierendes Aufschwunggebiet. **B 10** AC

Die Koordinaten im Text beziehen sich auf die Karte Seite 108.

AE ⭘ **Auerbach** (seit 1996 **V**, Sa). Auerbach, kleinstädtisches Zentrum des östlichen Vogtlandes, ist wegen seiner Silhouette auch als „Drei-Türme-Stadt" bekannt. In der Umgebung viel Wald, vor Ort eine Burdenski-Fußballschule. **H 10**

AH ⭘ **Ahaus** (seit 1975 **BOR**, NRW). Zwischen Baumbergen und Hoher Mark ist das Westmünsterland von kleinen Dörfern, Hochmooren, Heidelandschaft und sandigen Böden geprägt. **B 8**

AIB ⭘ **Bad Aibling** (seit 1974 **RO**, Bay). Der Name des Ortes Kolbermoor und Bad Aiblings Moorbad belegen, dass Moorgebiete den Westen von Rosenheim prägen. **G 16**

AIC **Aichach-Friedberg** (Sitz in Aichach, 1939 Bay.) Im Osten von Augsburg präsentiert der histor. Stadtkern (Spätmittelalter) Stadttore, Kirchen und den Burgplatz mit Kirche am Stammsitz der Wittelsbacher. **FG 15**

AK **Altenkirchen** (1816 RP). Wenige Einwohner und wenige Autos gibt's im Westerwald, der ein sehr reizvolles Naturgebiet ist. Im ehemaligen Bergwerkskreis wird nun das Bergbau-Museum besucht (A 3 Köln-FFM). **C 10**

AL ☆ **Altena** (seit 1969 **MK**, NRW). Hoch über Altena an der Lenne thront wehrhaft eine der malerischsten Burgen des Landes, weiter unten zeugt das Deutsche Drahtmuseum von der Geschichte der Drahtzieherstadt. **C 9**

ALF ⭘ **Alfeld** (seit 1978 **HI**, NdS). Zwischen der Leine im Westen und den Sieben Bergen erblühte Alfeld im späten Mittelalter durch Hopfen- und Leinenhandel. Damit reich geworden, gehörte sie zu den kleinsten Städten in der Hanse. **E 7**

ALS ☆ **Alsfeld** (seit 1979 **VB**, He). Alsfeld im größten Vulkangebiet Mitteleuropas, dem Vogelsberg, besticht mit pittoreskem Fachwerk (u.a. sehr schönes Rathaus). **E 10**

ALZ ⭘ **Alzenau** in Unterfranken (seit 1974 **AB**, Bay). An den Ausläufern des Spessarts und Rhein-Main-Gebiets wird Frankenwein angebaut, eine lange Tradition, die auf Mönche des Klosters Seligenstadt zurückgeht. **E 11**

Amberg (Stadtkreis, 1972 Bay). Viele Bauten aus der Renaissance und dem Barock finden sich hinter mittelalterlichen Stadtmauern in diesem historischen Zentrum der Oberpfalz im Osten von Nürnberg. **G 13** AM

Ansbach (Stadtkreis, 1972 Bay). Hohenzollernresidenz. Geschlossenes, barockes Stadtbild. Hier ging es 1833 tragisch mit Kaspar Hauser zu Ende. Kulturelle Highlights: Rokokofestspiele, Bach-Wochen u.a. **F 13** AN

Ansbach (1972 Bay). Im Südosten Würzburgs. Mit Anteilen an Schwaben und Mittelfranken; berühmt durch die mittelalterlich erhaltenen Stadtkleinode Dinkelsbühl und Rothenburg ob der Tauber. **F 13** AN

Annaberg (seit 2008 **ERZ**, Sa). Hier im Oberen Erzgebirge rechnete im 16. Jh. schon Adam Ries, während der Silberbergbau Annaberg zur zweitgrößten Stadt Sachsens machte (Silberstraße). Ebenfalls eine lokale Tradition: das Klöppeln. **HI 10** ANA ⭘

Angermünde (seit 1994 **UM**, BBG). Westlich der Oder und der Grenze zu Polen liegt die einstige Ackerbürgerstadt Angermünde in der südöstlichen Uckermark. **IJ 5** ANG ⭘

Anklam (ab 1994 **OVP**, MV). Von Anklam an der Peene, Geburtsstadt des Flugpioniers Lilienthal, wurde der von intensiver Landwirtschaft (u.a. Zuckerrüben) und einem weiten Niedermoorgebiet geprägte Kreis verwaltet. **I 4** ANK ⭘

Altötting (1939 Bay). Zurück bis ins 8. Jh. geht die Gründung der Kreisstadt mit der berühmten Marienwallfahrt (seit 1498) zur Schwarzen Madonna. In Marktl wurde Papst Benedikt XVI. geboren. Imposant ist die Salzach- und Grenzstadt Burghausen. **H 15** AÖ

Weimarer-Land (Sitz in Apolda, 1952 Th). Bereits im 13. Jh. hat Apolda das Stadtrecht erhalten; berühmt durch Glocken, Strickwaren, Dobermannzucht. **G 9** AP

Apolda (seit 1995 **AP**, Th). Skurril: Das einzige Dobermann-Denkmal Europas erinnert seit 1999 an Karl Dobermann, den Züchter und Namensgeber der Hunderasse „Dobermann". **G 9** APD ⭘

Die Koordinaten im Text beziehen sich auf die Karte Seite 108.

AR ☆ **Arnsberg** (seit 1975 **HSK**, NRW). Von der Frühzeit von Arnsberg im Sauerland, dem Schloss und der Alten Burg, sind nur noch Ruinen erhalten, doch die Altstadt in der Ruhrschleife besticht mit Fachwerk und Glockenturm, dem Wahrzeichen der Stadt. **D 9**

ARN ○ **Arnstadt** (seit 1995 **IK**, Th). Festival, Bachkirche und eine Bronzefigur des Meisters erinnern daran, dass hier Johann Sebastian Bach im 18. Jh. wirkte. Weit profaner widmet sich das Deutsche Bratwurstmuseum dem Thüringer Speiseklassiker. **F 10**

ART ○ **Artern** (seit 1995 **KYF**, Th). Das Kyffhäusergebirge im Westen und die Flüsse Helme und Unstrut prägten den Kreis. Der selbständige Kreis ging verloren, dafür gibt's nun hier die zentrale Bußgeldstelle Thüringens. **G 9**

AS **Amberg-Sulzbach** (Sitz in Amberg 1972 Bay). Kaum mehr bekannt: Hier lag die Wiege des europäischen Bergbaus, die „Eisenschmiede des Reiches" (Hammerherren von 1325) mit vielen Hammerwerken. **G 13**

ASD ☆ **Aschendorf-Hümmling** (seit 1978 **EL**, NdS). Das moorträchtige Emsland und der Hümmling sind typische Landschaften östlich der niederländischen Grenze. **C 6**

ASL ○ **Aschersleben-Staßfurt** (seit 2007 **SLK**, SaAn). Zwischen Harz und Magdeburger Börde mit der Kreisstadt Aschersleben und ihrer gut erhaltenen mittelalterlichen Stadtbefestigung und malerischen Altstadt. **G 8**

ASZ ○ **Aue-Schwarzenberg** (seit 2008 **ERZ**, Sa). Im Westen des Sächsischen Erzgebirges ist der Name „Städtebund Silberberg" Indiz, dass hier alles mit dem Abbau und Verarbeitung von Silber- und Eisenerzen begann. **H 10**

AT ○ **Altentreptow** (ab 1994 **DM**, MV). Nach der Wende wurde der historische Stadtkern Altentreptows restauriert und der Kleine Tollensee renaturiert. **I 4**

AU ○ **Aue** (ab 1995 **ASZ**, Sa). Am sächsischen Erzgebirgsrand fuhren Pkw bis 1995 mit AU, danach bis 2008 mit ASZ, heute ist das Kennzeichen des noch relativ jungen Erzgebirgskreises ERZ. **H 10**

Aurich (1977 NdS). Wer es immer mal wissen wollte: Hier ist Ostfriesland! Mit tief liegendem Land und den Inseln Juist, Norderney und Baltrum erstklassig. **C 4** AUR

Ahrweiler (Sitz in Bad Neuenahr-Ahrweiler, 1970 RP). Im Bonner Süden. Einer der ältesten Kreise in Deutschland (1816) und ein feines Getränkegebiet: Der Wein im Ahrtal und das Mineralwasser im Brohltal. **C 10** AW

Alzey-Worms (Sitz in Alzey, 1969 RP). Weithin bekannt durch das fruchtbare Alzeyer Hügelland und seine hervorragenden Weinbaulagen in Rheinhessen (größter Weinbaukreis in Deutschland). **D 12** AZ

Anhalt-Zerbst (seit 2007 **ABI**, SaAn). Ohne männlichen Erben erlosch die Linie Anhalt-Zerbst des altehrwürdigen Fürstentums 1793, worauf die Stadt Zerbst bei der Zerbster Teilung Gegenstand einer Verlosung war. **H 8** AZE ●

Berlin (Stadt, 1990 B). Die Bundeshauptstadt mit avantgardistischer Kultur und regem Szeneleben ist der unbestrittene Brennpunkt der Republik. Historische und moderne Architektur gibt's in Hülle und Fülle, dazu Theaterbühnen und Konzertsäle vom Feinsten. **I 6/7** B

Bamberg (Stadtkreis, 1972 Bay). Von Kaiser Heinrich II. gegründetes Bistum mit dem einzigen Papstgrab diesseits der Alpen. 1993 von der UNESCO zum Weltkulturerbe erklärt. Historisches, sehr gut erhaltenes Stadtbild, bekannt sind die Feste („Bamberger Jahr"). **F 12** BA

Bamberg (1931 Bay). Historisch vom Bistum Bamberg (Ost) und von der Zisterzienser-Abtei Ebrach (West) geprägt, im Fränkischen Jura am Steigerwald, durchquert vom Rhein-Main-Donau-Kanal. **F 12** BA

Baden-Baden (Stadtkreis, 1973 BW). Internationale Festspielstadt. Kurhaus, Thermalbäder. Viele preisen Baden-Badens Spielbank als weltweit schönste. **D 14** BAD

Barnim (Sitz in Eberswalde, 1993 BBG). Vom nordöstlichen Rand Berlins bis an den Oderberg und die Grenze zu Polen reichend. Beliebt sind vor allem Wandlitz und die hübschen Seen. **I 6** BAR

Die Koordinaten im Text beziehen sich auf die Karte Seite 108.

BB **Böblingen** (1938 BW). Im Stuttgarter Südwesten ist Böblingen eine der wirtschaftsstärksten Regionen im Land mit weltbekannten Firmen. Kultur-, Kongressmetropole. Malerisch: Leonberg, Herrenberg. **DE 14**

BBG ○ **Bernburg** (seit 2007 **SLK**, SaAn). Das Renaissanceschloss Bernburg erhebt sich auf einem Sandsteinfelsen am östlichen Saaleufer. Sehenswert ist u. a. auch der Naturpark Unteres Saaletal und die Zuckerrübenfabrik in Könnern (eine der größten Europas). **G 8**

BC **Biberach/Riß** (1973 BW). Ehemalige freie Reichsstadt mit historischer Altstadt. Weitläufiger Kreis, landwirtschaftlich geprägt, mit gepflegten Gemeinden und kleinen Städtchen in Oberschwaben. **E 15**

BCH ○ **Buchen** (seit 1973 **MOS**, BW). Mit Anteilen am Odenwald und westlichen Bauland. Im Bauernkrieg erkor man hier Götz von Berlichingen zum Hauptmann. **E 13**

BE ○ **Beckum** (seit 1975 **WAF**, NRW). Im südöstlichen Münsterland bis zur Lippe reichend, war eine Besonderheit der exklusive Abbau von Strontianit (Melasse-Entzuckerung in der Zuckerindustrie). **D 8**

BED ○ **Brand-Erbisdorf** (seit 1994 **FG**, Sa). Kleiner Kreis im Osterzgebirge. Vom eh. Silberbergbau zeugen noch Bergbauanlagen, Abraumhalden und Kunstteiche. **I 10**

BEI ☆ **Beilngries** (seit 1974 **EI**, Bay). Landschaftlich vom Altmühltal und dem Main-Donau-Kanal geprägt, hat hier der Bayer. Zwiebelmarkt (inkl. Wahl der Zwiebelkönigin) am Fuße des Barockschlosses Hirschberg Tradition. **G 13**

BEL ☆ **Belzig** (seit 1994 **PM**, BBG). Im Hohen Fläming ist Belzig Mitglied der Arbeitsgemeinschaft „Städte mit historischen Stadtkernen". Imposant die Burg Eisenhardt, romanisch die Marienkirche, rekonstruiert inzwischen das Rathaus. **H 7**

BER ○ **Bernau** (seit 1994 **BAR**, BBG). Im Nordosten Berlins durch Bier und Tuchproduktion im Mittelalter bedeutend, zeugt das historische Hussitenfest mit Jahrmarkt und Heerlager von der erfolgreichen Verteidigung der Stadt. **I 6**

Steinfurt (seit 1975 **ST**, NRW). Mit Anteilen am Münsterland im Westen und Tecklenburger Land im Osten, höchste Erhebung: der Westerbecker Berg (236 m). **C 7** BF ○

Berchtesgaden (seit 1974 **BGL**, Bay). Mit dem imposanten Watzmann, dem Hintersee und Königssee mit St.-Bartholomä-Kirche sind hier Klassiker unter den Landschaftsmotiven der Republik zu Hause. **H 16** BGD ☆

Berchtesgadener Land (Sitz in Bad Reichenhall, 1974 Bay). Für manche der gar allerschönste Winkel der Republik, der in der äußersten Südostecke Bayerns liegt und sich malerisch unterm Watzmann und am pittoresken Königssee mit St.-Bartholomä-Kirche bis kurz vor die Tore Salzburgs erstreckt. **H 16** BGL

Bühl (seit 1973 **RA**, BW). Der Kreis reichte von der Oberrheinischen Tiefebene bis zum Schwarzwald. Im ganzen Land bekannt sind die Bühler Zwetschgen. **D 14** BH ○

Bielefeld (Stadtkreis, 1973 NRW). Die Universitätsstadt ist Wirtschafts-, Einkaufs- und Kulturmetropole der Region Ostwestfalen-Lippe. Wahrzeichen der ehem. „Stadt des Leinens" ist die 750 Jahre alte Sparrenburg. **D 7** BI

Biedenkopf (seit 1974 **MR**, He). Medial im Schatten von Marburg, dafür mit liebenswertem Brauchtum wie dem „Brott" (Kartoffelbraten) und Grenzgang. **D 10** BID ○

Bingen/Rhein (seit 1969 **MZ**, RP). Ehemals dem Großherzogtum Hessen, dann dem Volksstaat Hessen angehörend, wurde der Kreis 1946 Rheinland-Pfalz zugeteilt. Bekannt: der Binger Mäuseturm und die Geschichte von Bischof Hatto. **C 12** BIN ○

Birkenfeld/Nahe (1937 RP). Östlich Triers im Hunsrück-Gebiet. Besuchenswert: das Birkenfelder Land (Hunsrück-Ferienpark Hambachtal) und Idar-Oberstein, die Stadt der glitzernden Edelsteine. **C 12** BIR

Bitburg-Prüm (Sitz in Bitburg, 1970 RP). In „aller Munde" ist der westliche Eifelkreis und Nachbar Luxemburgs durch die gleichnamige Brauerei. Nicht zu vergessen: die Bärenschlucht und der Luftkurort Prüm. **B 11** BIT

Die Koordinaten im Text beziehen sich auf die Karte Seite 108.

BIW ○ **Bischofswerda** (seit 1994 **BZ**, Sa). Das „Tor zur Oberlausitz" glänzt mit historischem Altmarkt samt Rathaus, Paradiesbrunnen und modernem Mediaturm. **J 9**

BK **Börde** (Sitz in Haldensleben, 2007 SaAn). Um Haldensleben mit Stendaler Tor und spätgotischer Marienkirche kontrastieren der „Magdeburger Speckgürtel" mit florierender Industrie/Gewerbe, Kaliförderung, Zuckerrübenanbau mit der Colbitz-Letzlinger Heide mit ausgedehntem Lindenbestand. **G 7**

BK ○ **Backnang** (ab 1973 **WN**, doch 2013 wiedereingeführt, BW). Die industriellen Wurzeln der Gerberstadt Backnang liegen in der Textilbranche. 1606 entfachte hier der „Gänsekrieg". Seit dem 2. Dezember 2013 dürfen die Zulassungsstellen in Backnang, Schorndorf und Waiblingen BK für Neuzulassungen oder Ummeldungen wieder verwenden. Seitdem gibt es das Kuriosum, dass Fahrzeuge mit dem Unterscheidungszeichen BK sowohl in Backnang als auch im Landkreis Börde – also sogar in zwei unterschiedlichen Bundesländern – zu Hause sein. Die korrekte Zuordnung erkennen Laien am Landeswappen und Involvierte an den zugewiesenen Seriennummern. **E 14**

BKS ○ **Bernkastel** (Sitz in Bernkastel-Kues, seit 1969 **WIL**, RP). Im Moseltal, vor allem als Geburtsort von Nikolaus von Kues und durch Weinanbau (Riesling) bekannt. **B 11**

BL **Zollernalbkreis** (Sitz in Balingen, 1973 BW). Die westliche Seite des ehemaligen Landes Hohenzollern ist berühmt durch die Hohenzollernburg und landschaftlich ein schöner Teil der Schwäbischen Alb. **D 15**

BLB ○ **Wittgenstein** (Bad Berleburg, seit 1975 **SI**, NRW). Im Siegerland ist der Name bekannt durch das Adelsgeschlecht der Grafen bzw. Fürsten von Sayn-Wittgenstein. **D 10**

BLK **Burgenlandkreis** (Sitz in Naumburg, 2007 SaAn). Burgen- und Weinregion „Saale-Unstrut", Denkmäler in Naumburg: Dom- und Stifterfiguren Uta und Ekkehard, historisches Stadtbild, Stadtbefestigung. 2007 um den bisherigen Landkreis Weißenfels erweitert. **G 9**

Erftkreis (Sitz in Bergheim, 1975 NRW). Wirtschaftsstarker Kreis im Westen von Köln, geprägt vom größten westdeutschen Braunkohleabbau und den großen Chemie- und Energiebetrieben. **B 9/10** **BM**

Bonn (Stadtkreis, 1972 NRW). Den Wegzug des Bundestags in den 1990er Jahren kompensiert Bonn mit einer einzigartigen Museumsmeile, deren illustre Häuser zum Großteil zur Spitzenklasse gehören. **C 10** **BN**

Borna (seit 1994 **L**, Sa). Der Kreis in der Leipziger Tieflandbucht wurde wirtschaftlich durch Braunkohleabbau und dessen weiterverarbeitenden Industrie bestimmt. **H 9** **BNA** ○

Bochum (Stadtkreis, 1975 NRW). Kultur, Freizeit und Lebensqualität – drei Begriffe, die kaum eine Stadt im Ruhrgebiet so gut miteinander verbindet. **C 8/9** **BO**

Bördekreis (seit 2007 **BK**, SaAn). In der Magdeburger Börde ist die Kreisstadt Oschersleben heute fester Bestandteil des DTM-Kalenders (Motorsport Arena). **G 7** **BÖ** ○

Straubing-Bogen (optional seit 2018, Bay). Die Donauauen, der Gäuboden und Ausläufer des Bayerischen Waldes kennzeichnen die Landschaft. Der Bogenberg ist ein klassischer Wallfahrtsort („Maria in der Hoffnung"). **H 14** **BOG** ○

Bocholt (seit 1975 **BOR**, NRW). Im westlichen Münsterland an der Grenze zu den Niederlanden ist Bocholt eine traditionelle Industriestadt und Einkaufsstadt. **B 8** **BOH** ○

Borken (1975 NRW). Die Kreisstadt Borken liegt in der weiten Parklandschaft des westlichen Münsterlandes in direkter Nachbarschaft zu Holland. **B 8** **BOR**

Bottrop (Stadtkreis, 1975 NRW). Im Norden des Ruhrgebiets profiliert sich Bottrop heute u.a. als Hollywood Deutschlands, im Wandel von der Bergbau- und Ölindustrie zu High-Tech und moderner Entwicklung. **BC 8** **BOT**

Bruchsal (seit 1973 **KA**, BW). In der Oberrhein Tiefebene am Kraichgau ist Bruchsal bekannt durch Europas größten Spargelmarkt. **D 13** **BR** ☆

BRA **Wesermarsch** (Sitz in Brake/Unterweser, 1933 NdS). Die wasserreiche, grüne Marschlandschaft liegt hübsch zwischen dem Jadebusen, der Weser, der Nordsee und ist ein weitbekanntes Naherholungsgebiet. **D 5**

BRB **Brandenburg** (Stadtkreis, 1993, BBG). Mittelalterlicher Stadtkern, viele Sakral- und Profanbauten inmitten einer Landschaft, die westlich Potsdams von der Havel, ihren Seen, von Wäldern und Wiesen bestimmt ist. Kfz-Kennzeichen für Fahrzeuge des früheren Landkreises Brandenburg sind auslaufend, Dessen Gebiet liegt heute im Landkreis Potsdam-Mittelmark. **H 7**

BRG ○ **Burg** (seit 1994 **JL**, SaAn). „Stadt der Türme" nennt sich Burg im Norden Magdeburgs an der Straße der Romanik mit über 1060-jähriger Geschichte und dem Niegripper See und Parchauer See als Naherholungsgebiet. **G 7**

BRI ☆ **Brilon** (seit 1975 **HSK**, NRW). In Brilon im Sauerland, der waldreichsten Stadt Deutschlands, bekräftigt das Denkmal der Eselin Huberta süffisant, dass man hier früher zum Transport ungewöhnlich viele Esel hielt. **D 9**

BRK ○ **Bad Brückenau** (seit 1974 **KG**, Bay). Sieben Mineralquellen machten Bad Brückenau zum bayerischen Staatsbad und Kurort, den auch schon Ludwig I. mit Lola Montez besuchte. **F 11**

BRL ○ **Blankenburg** (Sitz in Braunlage, seit 1972 GS, NdS). BRL bezieht sich auf den früheren Verwaltungssitz des Kreises, dessen Gebiet zwischen Harzvorland und Oberharz dem Landkreis Goslar zugeteilt wurde und von Bergbau und Hüttenwesen (u.a. Tanner Hütte) geprägt war. **F 8**

BRV ○ **Bremervörde** (seit 1978 **ROW**, NdS). Zentral im Elbe-Weser-Dreieck an der Oste gelegen, ist Bremervörde Ausgangspunkt der Dt. Fährstraße (führt bis Kiel). **E 5**

BS **Braunschweig** (Stadtkreis, 1974 NdS). Stadt Heinrichs des Löwen (ca. 1129–1195). Mittelpunkt der Region Südostniedersachsens mit rund 250.000 Einwohnern. Am Burgplatz bietet die Burg von Dankwarderode Kunst aus dem Mittelalter. Braunschweig gilt als Zentrum für Forschung und Entwicklung. **F 7**

Bersenbrück (seit 1972 **OS**, NdS). Tradition und Moderne verbindet Bersenbrücks ehemaliges Zisterzienserinnenkloster. Die Klosterpforte ist Wahrzeichen der Stadt, der Klostergarten Ort des jährlichen Reggaefestivals *Reggae Jam.* **D 7** — **BSB** ☆

Beeskow (seit 1994 **LOS**, BBG). Am Nordrand der Niederlausitz, von der Spree durchflossen. Hübsch restaurierte Innenstadt um den Marktplatz von Beeskow. **J 7** — **BSK** ☆

Bayreuth (Stadtkreis, 1972 Bay). Weltberühmt durch die Richard-Wagner-Festspiele im Bayreuther Festspielhaus auf dem Grünen Hügel; besonders schön das Alte Schloß mit seinen 50 Bildmedaillons und das barocke Markgräfliche Opernhaus, museal das Haus Wahnfried, Richard Wagners Domizil. **G 12** — **BT**

Bayreuth (1972 Bay). Oberfränk. Kreis mit Anteilen an der Fränkischen Schweiz und Fichtelgebirge (höchster Gipfel im Kreis: der Ochsenkopf mit 1.028 m). **G 11/12** — **BT**

Bitterfeld (seit 2007 **ABI**, SaAn). Chemie- und Metallindustrie, Braunkohlebergbau und viele Stilllegungen (u.a. wegen Umweltverschmutzung), aber auch Renaturierung (Wald, Seen) sind Synonym für Bitterfeld. **H 8** — **BTF** ○

Burgdorf (seit 1974 **H**, NdS). Im Nordosten von Hannover sind Pferdezucht (Hannoveraner) und Spargelanbau weit über die ehemaligen Kreisgrenzen hinaus bekannt. **E 6/7** — **BU** ☆

Büdingen (seit 1972 **FB**, He). Im Osten der Wetterau und am Fuße des Vogelbergs. Büdingens helle Gegenwart: historisches Fachwerk und die gut erhaltene mittelalterliche Altstadt samt Schloss. Seine dunkle Vergangenheit: Hexenprozesse und -verbrennungen (über 400). **E 11** — **BÜD** ○

Büren (seit 1975 **PB**, NRW). Das Bürener Land erstreckt sich großteils über die Paderborner Hochfläche. Topografischer Höhepunkt: der „Totenkopf" (498 m), trutziger Höhepunkt: die Wewelsburg in Büren. Die Stadt ist bekannt für ihre vielen Schul- und Bildungseinrichtungen. **D 8** — **BÜR** ○

Die Koordinaten im Text beziehen sich auf die Karte Seite 108.

BÜS **Büsingen am Hochrhein** (Kreis Konstanz, BW). Die deutsche Insel in der Schweiz. Ein kleines Dorf und einzige deutsche Exklave, die politisch zum Landkreis Konstanz, wirtschaftlich jedoch zum Schweizer Zollgebiet gehört. Mit eigenem Kennzeichen sind die BÜSinger beim Grenzübertritt einfach zu identifizieren. **D 16**

BÜZ ○ **Bützow** (ab 1994 **GÜ**, 2012 LRO, MV). Im Norden der Mecklenburger Seenplatte reichte der jetzt zum Landkreis Rostock gehörende Kreis vom Bützower Becken bis zum Rugberg. **H 4**

BUL ○ **Burglengenfeld** (seit 1974 **SAD**, Bay). Lengenfeld wurde zu Burglengenfeld dank der größten Burg der Oberpfalz, die man einst gegen anstürmende Ungarn baute. **H 13**

BZ **Bautzen** (2008 Sa). Die jahrtausendalte Stadt Bautzen ist Mittelpunkt von Sachsens ausgedehntestem Landkreis, in dem Deutschlands größtes Teichgebiet, Zweisprachigkeit (sorbisch), Lessings Geburtsstadt Kamenz und die Berge der Oberlausitz markant sind. **J 9**

BZA ☆ **Bergzabern** (seit 1969 **SÜW**, RP). Zwischen Oberrheinischer Tiefebene und Pfälzerwald, die Dt. Weinstraße führte durch den Kreis. Pittoreskes Kleinod in Bad Bergzabern: das renacentistische Gasthaus „Zum Engel“. **D 13**

C **Chemnitz** (Stadtkreis, 1952 Sa). Alter Industriestandort und Verkehrsknoten, berühmt durch den „Karl-Marx-Kopf“ aus der DDR. Heute auf dem Weg zum modernen Wirtschafts- und Handelszentrum. **H 10**

CA ○ **Calau** (seit 1994 **OSL**, BBG). Niederlausitzer Kreis mit dem industriellen Senftenberg (Braunkohle) im Süden und Calau im Norden, der vermeintlichen Heimat der Kalauer („aus Calau wird berichtet ...“). **I 8**

CAS ○ **Castrop-Rauxel** (seit 1975 **RE**, NRW). Eine grüne Stadt im nördlichen Ruhrgebiet. Industriedenkmale erinnern an die Vergangenheit des Bergbaus. **C 8**

CB **Cottbus** (Stadtkreis, 1993 BBG). Aufstrebendes Wirtschaftszentrum mit schmuckem Altstadtkern und Park Branitz der hiesigen Fürstenlinie Pückler. **J 8**

Celle (1973 NdS). Ehemalige Residenz der Herzöge Braunschweig-Lüneburgs und des Kgr. Hannover. Verbindet Tradition und Moderne: 450 Fachwerkhäuser in der Altstadt, Tagungs- und Kongresszentrum. **F 6** CE

Cham (1972 Bay). Stadt am Regenbogen (der Fluss heißt Regen). Das Kreisgebiet deckt sich nahezu mit dem Naturpark Oberer Bayerischer Wald. **H 13** CHA

Cloppenburg (1938 NdS). Zwischen Oldenburg und Osnabrück gelegen, von ausgedehnten Moorzonen geprägt. Ältestes Freilichtmuseum Deutschlands. **D 6** CLP

Clausthal-Zellerfeld (seit 1972 **GS**, NdS). Vom Bergbau- zum Luftkurort. Das Oberharzer Wasserregal (dient der Wasserkrafterzeugung) ist Teil des UNESCO-Weltkulturerbes. **F 8** CLZ ⭘

Coburg (Stadtkreis, 1972 Bay). Gründerort vieler Vereine und Bünde unterhalb der Veste Coburg. **F 11** CO

Coburg (1920 Bay). Herzogtum, das 1920 zu Bayern kam; in drei Himmelsrichtungen von Thüringen umgeben und landschaftlich sehr schön. **FG 11** CO

Cochem-Zell (Sitz in Cochem, 1969 RP). Beidseitig der Mosel vereinigt der Kreis Teile der Voreifel mit dem Hunsrück. **C 11** COC

Coesfeld (1975 NRW). Im westlichen Münsterland, an den Ausläufern der Baumberge typisch grüne Parklandschaft. **C 8** COE

Crailsheim (seit 1973 **SHA**, BW). Bekannt durch Verpackungsindustrie und Bürger-Maultaschen, liebenswert durch die Horaffen(=Hörnchen)-Legende. **F 13** CR ⭘

Cuxhaven (1977 NdS). An der Elbmündung mit schönen Nordseestränden. Der nördlichste Kreis Niedersachsens liegt zwischen Elbe und Weser. **D 4** CUX

Calw (1938 BW). Mit weiteren reizvollen Bergstädtchen wie Nagold, Altensteig, Wildbad ist der Fremdenverkehr im Nordschwarzwald gut platziert. **D 14** CW

D **Düsseldorf** (Stadtkreis, 1975 NRW). Heute ist das „Dorf an der Düssel" die modernste Metropole am Rhein. Internationale Kunst-, Mode- und Medienstadt, stark verflochtenes Wirtschafts- und Politikzentrum. Berühmt sind Königsallee, Altstadt und Karneval. **B 9**

DA **Darmstadt** (Stadtkreis, 1977 He). Der frühmoderne Hochzeitsturm ist das moderne Wahrzeichen. Zu Recht: Die Stadt besitzt eine Technische Universität mit einem hervorragenden Fachbereich Architektur. **D 12**

DA **Darmstadt-Dieburg** (Sitz in Darmstadt, 1977 He). Zwischen Odenwald und Rheinebene. Landwirtschaftliche Nutzung am Rand der Oberrheinebene. **D 12**

DAH **Dachau** (1972 Bay). Ein Ort bei München mit 1200-jähriger Geschichte. Schloss Dachau mit Renaissance-Festsaal, KZ-Gedenkstätte (Museum, Archiv). **G 15**

DAN **Lüchow-Dannenberg** (Sitz in Lüchow, 1935 NdS). Lange Zeit in der fast „vergessenen" Ecke zur DDR gelegen, blieb an der Elbe viel Natur erhalten. **G 5/6**

DAU **Daun** (1817 RP). Die Hohe Eifel, die etwa 60 erloschene Vulkane und 9 Maarseen birgt, prägt diesen Kreis. Hier trifft man auf die „Deutsche Wildstraße" mit dem Hirsch- und Saupark „Drei Dauner Maare". **B 11**

DBR ● **Bad Doberan** (seit 2012 **LRO,** MV). Ursprung der Stadt ist ein 1186 gegründetes Zisterzienserkloster. Im 18. Jh. erkor der Herzog sie zur Sommerresidenz und gründete 1793 das erste deutsche Seebad Heiligendamm. **G 3**

DD **Dresden** (Stadtkreis, 1952 Sa). Zu Recht als das „Elb-Florenz" betitelt, bietet vor allem die Altstadt hervorragende Kulturschätze (Schloss, Zwinger, Semperoper, Museen) und die Neustadt Kultur. Schön: Elbschlösser, Radebeul und das Wasserschloss Moritzburg. **I 9**

DE **Dessau-Roßlau** (2007 SaAn). Durch den deutschen Flugzeugbau (Junkerswerke) und das Bauhaus (Architektur-Avantgarde) bekannt. Die kreisfreie Stadt entstand aus der Fusion von Dessau mit Roßlau, vormals dem Landkreis Anhalt-Zerbst angehörend. **H 8**

Deggendorf (1972 Bay). Kreisstadt in Niederbayern an der Donau. Der Kreis zeichnet sich durch die Klösterperlenkette und ausgedehnte Waldgebiete aus. Die Hochschulstadt wird auch als Donaustadt und „Tor zum Bayerischen Wald" bezeichnet. **HI 14** **DEG**

Delmenhorst (Stadtkreis, 1977 NdS). Moderne Industrie- und Dienstleistungsstadt mit namhafter Architektur (Industriedenkmal Nordwolle) und Kultur im Schnittpunkt des Oldenburger und Bremer Landes. **D 5** **DEL**

Dingolfing-Landau (Sitz in Dingolfing, 1972 Bay). Niederbayerischer Kreis an der Isar. In Dingolfing bekamen Deutschlands erste Fußball-Weltmeister 1954 bei der Rückkehr einen Goggo-Roller der Firma Glas. **H 14** **DGF**

Diepholz (1977 NdS). Weitläufiger „Erdöl-Kreis" zwischen Westfalen und Bremen. In der ehemaligen Grafschaft Hoya findet man die schöne Stadt Syke und die 1. Museumseisenbahn Bruchhausen-Vilsen. **D 6** **DH**

Dieburg (seit 1977 **DA**, He). Landkreis im Osten von Darmstadt. Dieburg ist ein Standort der Hochschule Darmstadt. Reizvolles Stadtzentrum durch viele Fachwerkhäuser. Schaurig: die Hinrichtung, von Lorenz Drach, des „Drachens von Dieburg" (1603) des Glöckners, der gegen Hexenprozesse protestierte. **D 12** **DI** ⭘

Dillkreis (seit 1977 **LDK**, He). Das Tal der Dill gab dem Kreis seinen Namen mit der Kreisstadt Dillenburg an der Deutschen Fachwerkstraße. Im Dillenburger Schloss wurde der spätere Prinz von Oranien und Stammvater des Niederländischen Königshauses geboren. **D 10** **DIL** ⭘

Dinslaken (seit 1975 **WES**, NRW). Am Niederrhein, bekannt durch Trabrennbahn und als Geburtsort von Hape Kerkelings Kunstfigur Uschi Blum. **B 8** **DIN** ⭘

Unterlahnkreis (seit 1969 **EMS**, RP). Am Rheinischen Schiefergebirge mit der Stadt Diez. Dort markantes Grafenschloss und das Barockschloss Oranienstein mit dem Museum Nassau-Oranien (zeigt u.a. die Verflechtung des Adelsgeschlecht der Oranier zum heutigen niederländischen Königshaus). **D 11** **DIZ** ⭘

DKB ⭘ **Dinkelsbühl** (seit 1974 **AN**, Bay). Die prächtig erhaltene spätmittelalterliche Architektur (mit Türmen, Stadttoren und -mauer) machte Dinkelsbühl zum wichtigen bayerischen Tourismusort an der Romantischen Straße. **F 13**

DL ⭘ **Döbeln** (seit 2008 **FG**, Sa). Die „Stiefelstadt" Döbeln feiert regelmäßig mit Stiefelfesten und der Wahl der Stiefelkönigin, dass 1925 hier die Schuhmacher der Stadt den weltweit größten Stiefel geschustert haben (4,60 m hoch, heute im Rathaus zu sehen). **HI 9**

DLG **Dillingen a.d. Donau** (1972 Bay). Abwechslungsreiche Landschaft, geprägt vom Donauried und der Schwäbischen Alb. Viele Kunstdenkmäler, insbesondere in der Kreisstadt (ehemals Universitätsstadt). **F 14**

DM **Demmin** (seit 2011 Teil des LK Mecklenburgische Seenplatte, MV). Am Zusammenfluss von Tollense und Peene, norddeutscher Backstein-Barock, auf dem Land Gutsanlagen mit repräsentativen Herrenhäusern. **I 4**

DN **Düren** (1972 NRW). Als Bindeglied zwischen Köln und Aachen mit interessanter Wirtschaftsszene, ohne die Großindustrie „erdulden" zu müssen. **B 10**

DO **Dortmund** (Stadtkreis, 1975 NRW). Hauptzentrum im Osten des Ruhrgebietes. Das traditionelle Industriezentrum ist mit über 30 Forschungseinrichtungen stark in der Modernisierung begriffen. Im ganzen Land bekannt: Schwarz-Gelb, die Farben des BVB 09. **C 8**

DON **Donau-Ries** (Sitz in Donauwörth, 1972 Bay). Geologisch einmalig: das Ries (gigantischer Meteoritenkrater). Bekannte Städte: Donauwörth (Käthe-Kruse-Puppen) und Nördlingen (begehbare Stadtmauer). **F 14**

DS ☆ **Donaueschingen** (seit 1973 **VS**, BW). Berühmt durch den Zusammenfluss von Brigach und Breg („... bringen die Donau zuweg"/Donauquelle) und die avantgardistischen Donaueschinger Musiktage. **D 16**

DT ☆ **Detmold** (seit 1990 **LIP**, NRW). In der Region Ostwestfalen-Lippe am Rand des Teutoburger Waldes mit dem Hermannsdenkmal (Arminius) bei Hiddesen. **D 8**

Duisburg (Stadtkreis, 1975 NRW). Der „Größte Hafen der Welt"!? Stimmt nicht ganz, aber der „Größte Binnenhafen"! Früheres „Herz der Stahlindustrie", heute Konzentration auf Hightech-Produkte. **B 9** DU

Duderstadt (seit 1973 **GÖ**, NdS). Der Kreis umfasste den Großteil des Untereichfeldes im südlichen Harzvorland mit der „Goldenen Mark" (fruchtbare Böden).**E/F 8** DUD ●

Bad Dürkheim/Weinstraße (1969 RP). Am schönen Osthang der Pfalz, mit günstigen Weinlagen, liegt die Weinbau-Ortschaft und Kreisstadt. **D 13** DÜW

Dippoldiswalde (seit 2008 **PIR**, Sa). Im nordöstlichen Erzgebirge. Die Talsperren Lehnmühle und Klingenberg dienen u.a. Dresdens Trinkwasserversorgung. **I 10** DW ●

Delitzsch (seit 2008 **TDO**, Sa). Im Norden von Leipzig besitzt Delitzsch eine gut erhaltene Altstadt mit vielen Stadttürmen, Patrizierhäusern und Barockschloss. **H 8** DZ ●

Essen (Stadtkreis, 1975 NRW). Von Essens bewegter Geschichte als eh. größte Bergbaustadt Europas sind bedeutende Industriemonumente mit interessanten neuen Kultur- und Erlebniswelten geblieben. **B/C 8/9** E

Eisenach (Stadtkreis, 1998, Th.) Am Nordwestrand des Thüringer Waldes. Historische Gebäude: Wartburg – hier übersetzte Martin Luther das Neue Testament ins Deutsche –, Lutherhaus, Bachhaus, Stadtschloss. Früher Produktionsort des Wartburgs. **F 10** EA

Eilenburg (seit 1994 **TDO**, Sa). Kräftige industrielle Entwicklung im 19. Jh. Die 1850 in Eilenburg gegründete „Eilenburger Lebensmittelassociation" gilt als Wiege des deutschen Genossenschaftswesens. **H 8** EB ●

Ebersberg (1939 Bay). Im östlichen Einzugsgebiet Münchens, sehr naturgeprägt mit hügeliger, teils fast archaisch anmutender Moränenlandschaft. **G 15** EBE

Ebern (seit 1974 **HAS**, Bay). Ehem. Handelsstation auf der Route Bamberg–Sachsen. Eberns Altstadt zeugt noch von seiner früheren merkantilen Bedeutung. **F 11** EBN ●

Die Koordinaten im Text beziehen sich auf die Karte Seite 108.

EBS ○ **Ebermannstadt** (seit 1973 **FO**, Bay). Im Norden Nürnbergs das westl. „Tor zur Fränkischen Schweiz". **G 12**

ECK ○ **Eckernförde** (seit 1970 **RD**, SH). Seebad mit Fischereitradition an der Ostsee, dahinter die Landschaften Schwansen, Dän. Wohld und Hüttener Berge. Eckernförde ist eine über 700 Jahre alte Hafenstadt. **E 3**

ED **Erding** (1939 Bay). Viel Flachland, durch Kreisstadt, ihr Weißbier (auch Weizenbier) und im Erdinger Moos den Münchner Flughafen Franz Josef Strauß bekannt. **G 15**

EE **Elbe-Elster** (Sitz in Bad Liebenwerda, 1993 BBG). Gebildet aus den ehem. Kreisen Herzberg, Bad Liebenwerda und Finsterwalde im innerdeutschen Dreiländereck Brandenburg, Sachsen und Sachsen-Anhalt. **I 8**

EF **Erfurt** (Stadtkreis, 1952 Th). Die Hauptstadt Thüringens war Schauplatz des legendären Treffens von Willy Brandt und Willi Stoph 1970. Sehenswert: Erfurter Dom, Krämerbrücke, Altstadt (Bürgerhäuser). **FG 9/10**

EG ○ **Eggenfelden** (seit 1974 **PAN**, Bay). Alter Marktplatz der Wittelsbacher im niederbayer. Hügelland an der Rott. Später Rastplatz von Napoleon (1809 im Gasthaus „Zur Post"), noch später Wohnort von Lisa Fitz. **H 15**

EH ○ **Eisenhüttenstadt** (seit 1994 **LOS**, BBG). Früheres Schwerindustriekombinat (Eisenverhüttung) direkt an der Oder, Laußitzer Neiße und damit Staatsgrenze zu Polen. Heute von ArcelorMittal dominiert. **J 7**

EHI ☆ **Ehingen** (seit 1973 **UL**, BW). Hier, am Rande der Schwäbischen Alb, begann die Geschichte der früheren Drogeriemarkt-Kette Schlecker, ursprünglich eine Fleischwarenfabrik mit Metzgerei-Filialen. **E 15**

EI **Eichstätt** (1972 Bay). Mitten in Bayern ist der Landkreis Eichstätt das Herzstück des Altmühltales, das parallel zum Kanalausbau zum Naturpark erklärt wurde. **G 14**

EIC **Eichsfeld** (Sitz in Heiligenstadt 1995, Th). Mitten im Eichsfeld zwischen Harz, Werra, Osthessischem Bergland und Thüringer Becken. Vielseitige Industrie. **F 9**

Eichstätt (seit 1979 **EI**, Bay). In der geographischen Mitte Bayerns, bis 1979 noch ohne die kreisfreie Stadt Eichstätt sowie Teilen von Nachbarkreisen. **G 14** EIH ✪

Eisleben (seit 1994 **MSH**, SaAn). Im östl. Harzvorland trägt Eisleben den Zusatz „Lutherstadt". Die Gedenkstätten Martin Luthers, der in Eisleben geboren wurde und starb, gehören zum UNESCO-Weltkulturerbe. **G 8** EIL ●

Einbeck (seit 1974 **NOM**, NdS). Vom Solling bis zur Leine reichend. Die ehemalige Hansestadt Einbeck besitzt ein herrliches Ensemble spätmittelalterlicher Fachwerkhäuser. **E 8** EIN ●

Eisenberg (seit 1995 **SHK**, Th). Zwischen Jena und Gera, in der Kreisstadt Thüringens größte Barockkirche mit Donat-Trost-Orgel und Kräutergarten. **G 10** EIS ●

Emsland (Sitz in Meppen, 1977 NdS). Flächenkreis entlang der holländischen Grenze; größer als das Saarland; bekannt durch die Transrapid-Versuchsstrecke. Er ist nach dem ihn durchquerenden Fluss Ems und dem Emsland als kulturell-historische Region benannt. **C 6** EL

Emmendingen (1939 BW). Vermittler zwischen typischen Schwarzwaldtälern, dem Kaiserstuhl, der Rheinebene und Südbadens Metropole Freiburg. Im Westen ist der Rhein die natürliche Grenze zu Frankreich. **C 15** EM

Emden (Stadtkreis, 1977 NdS). Der Geburtsort von Otto Waalkes und Karl Dall an der Emsmündung ist heute die größte Stadt Ostfrieslands. Industriell stark (Hafen am Dollart), kulturell berühmt und interessant: Kunsthalle von Henri Nannen und „Dat Otto Hus". **C 5** EMD

Rhein-Lahn-Kreis (Sitz in Bad Ems, 1969 RP). Weltberühmt durch die „Emser Depesche", die 1870 den deutsch-französischen Krieg auslöste, die Loreley und St. Goarshausen mit Heilquellen, Therme und Fluss-Sauna. UNESCO-Weltkulturerbe: Römischer Limes. In Lahnstein am Rhein sprudeln kräftig die Heilquellen und steht das historische Wirtshaus an der Lahn mit Zollturm. **C 11** EMS

EN **Ennepe-Ruhr-Kreis** (Sitz in Schwelm, 1929 NRW). Bekannt durch Ennepetal, die „Stadt der Kluterhöhle", und das Bergische Schwelm (Schiefer- und Fachwerkbauten, Wasserschloss Haus Martfeld). **C 9**

ER **Erlangen** (Stadtkreis, 1972 Bay). Vor rund 300 Jahren wurden hier im Norden von Nürnberg aus Frankreich vertriebene Hugenotten aufgenommen, die anschließend Gewerbe, Forschung und Bildung prägten. In den Boden eingelassene Edelstahlplatten markieren Gebäude und Denkmäler Erlangens aus der Zeit des Kaiserreiches. **G 12**

ERB **Odenwaldkreis** (Sitz in Erbach, 1977 He). Im Kerngebiet des Odenwaldes fast bis zum Neckar reichend. Markanter Kontrast zu den Höhenzügen: das Mümlingtal im Kerngebiet des Odenwaldkreises. **DE 12**

ERH **Erlangen-Höchstadt** (Sitz in Erlangen, 1972 Bay). Der Kreis liegt im Norden des Mittelfränkischen Beckens und wird durch die Regnitz und den Main-Donau-Kanal geteilt. **FG 12**

ERK ● **Erkelenz** (seit 1972 **HS**, NRW). Niederrheinischer Kreis im Südwesten von Mönchengladbach. Bekannt sind die Umsiedlungsmaßnahmen durch den Braunkohletagebau Garzweiler II von RWE. **B 9**

ERZ **Erzgebirgskreis** (Sitz in Annaberg-Buchholz, 2008 Sa). Markant ist das Westerzgebirge an der deutsch-tschechischen Grenze mit dem Fichtelberg (1215 m), der höchsten Erhebung Sachsens. Bergbau, Spitzenklöppelei und Holzkunst (u.a. Räuchermännchen) sind traditionelle Wirtschaftszweige. **HI 10**

ES **Esslingen** (1938 BW). Praktisch ein engverbundener Teil des Zentrums „Ballungsraum Stuttgart/Mittlerer Neckar". Neben dem industriereichen Neckartal auch reizvolle Vorberge der Alb (Teck, Neuffen). **E 14**

ESA ☆ **Eisenach** (seit 1995 **WAK**, Th). Im Nordwesten des Thüringer Waldes. Berühmt ist Eisenach durch die Wartburg (Luthers Bibelübersetzung, Wartburgfest 1817) und als Geburtsort von Johann Sebastian Bach. **F 9/10**

Eschenbach i. d. OPf. (seit 1974 **NEW**, Bay). Über die Kreisgrenze bekannt: der Truppenübungsplatz Grafenwöhr. Regional bekannt: der Neckname „Krautbäuch" für die Eschenbacher (Krautanbau). **G 12** — **ESB** ○

Werra-Meißner-Kreis (Sitz in Eschwege, 1977 He). Sehenswerte Kreisstadt Eschwege im Werratal: Fachwerkhäuser, Nikolaiturm, ehem. Landgrafenschloss. **F 9** — **ESW**

Euskirchen (1972 NRW). Zwischen Bergheim/Bonn und Belgien, mit vielen reizvollen Wohnorten. Mit der Urfttalsperre (um 1900) begann der Tourismus. **B 10** — **EU**

Eutin (seit 1970 **OH**, SH). In der Holsteinischen Schweiz mit dem Kurort Eutin (um 1800 war der Eutiner Kreis eine Verbindung vieler bekannter Schriftsteller) dem Jodsoleheilbad Bad Schwartau und den Schwartauer Werken (Konfitüre). **F 3** — **EUT** ☆

Eberswalde (seit 1994 **BAR**, BBG). Zwischen Berlin und poln. Grenze mit viel Wald („Waldstadt" Eberswalde), Industrie und einem verschwundenen Goldschatz. **I 6** — **EW** ○

Frankfurt am Main (Stadtkreis, 1977 He). Sitz der Europäischen Zentralbank. Stolze Freie Reichsstadt und wichtige Messestadt (Buchmesse im Oktober). Die „kleinste Metropole der Welt" ist als Banken-Zentrum „Mainhattan" bekannt, aber auch durch Flughafen, Paulskirche, Goethe und Frankfurter Würstchen. **D 11** — **F**

Fallingbostel (seit 1981 **SFA**, NdS). In der südlichen Lüneburger Heide. Im Kreisgebiet Hermann-Löns-Grab, Walsroder Vogelpark und Truppenübungsplatz. **E 6** — **FAL** ☆

Wetteraukreis (Sitz in Friedberg, 1972 He). Wohngemeinde des Großraums Rhein-Main. Bekannt ist der Wetteraukreis durch die berühmten Apfelanbaugebiete („Äppelwoi") und als Kornkammer Hessens. **D 11** — **FB**

Fulda (1977 He). Die historische Kloster- und Bischofsstadt wird geprägt durch Barockbauten und eine romantische Altstadt: (Dom St. Salvador, Orangerie etc.). Die Mittelgebirgslandschaft der Rhön und Vogelsberg lädt zu Sport und Erholung ein. **E 10** — **FD**

FDB ⭘ **Friedberg** (seit 1974 **AIC**, Bay). Im Osten Augsburgs neben Aichach die „Wiege Altbaierns" mit Wittelsbacher Schloss (Museum) und malerischem Rathaus. **FG 15**

FDS **Freudenstadt** (1926 BW). Hauptsächlich im ehemals württembergischen Teil des Nordschwarzwaldes. Einige berühmte Ferienorte (z.B. Baiersbronn). **D 15**

FEU ⭘ **Feuchtwangen** (seit 1974 **AN**, Bay). Mittelfränkisches Städtekleinod, etwas im Schatten von Rothenburg o.d. Tauber, aber mit sehr schöner Altstadt um den Marktplatz („Festsaal Frankens") und Stiftskirche. **F 13**

FF **Frankfurt/Oder** (Stadtkreis, 1993 BBG). Die grüne, über 750-jährige Universitäts- und Messestadt mit Hansetradition bietet neben sehenswerter norddeutscher Backsteingotik (Rathaus, Marienkirche) eine moderne Innenstadt zum Shoppen und Bummeln. **J 7**

FFB **Fürstenfeldbruck** (1939 Bay). Kleiner Kreis in Münchens Westen, in FFB der Fliegerhorst (Anschlag Olympiade 1972) und Erdmagnetisches Observatorium. Die Stadt ist Teil der Metropolregion München. **G 15**

FG **Mittelsachsen** (Sitz in Freiberg, 2008 Sa). Zwischen Leipziger Tieflandbucht und Erzgebirgskamm, aus den Landkreisen Döbeln, Freiberg und Mittweida gebildet. In der Berg- und Universitätsstadt Freiberg historischer Altstadtkern mit Dom (Silbermannorgel), Silberbergwerk und der ältesten Bergakademie der Welt. **I 10**

FH ☆ **Main-Taunus-Kreis/Frankf.-Höchst** (seit 1980 **MTK**, He). Höchst, damals noch selbständiger Verwaltungssitz, wurde durch die Hoechst AG (Chemie), heute Industriepark Höchst, weltweit bekannt. **D 11**

FI ⭘ **Finsterwalde** (seit 1994 **EE**, BBG). Die Burleske „Wir sind die Sänger von Finsterwalde" (1899) mit Pampel, Knarrig und Strippe schuf den Beinamen „Sängerstadt". Heute findet alle zwei Jahre das Sängerfest in der Niederlausitz statt. Die Umgebung ist Radfahrregion (Fürst-Pückler-Radweg) und durch Industriekultur (Besucherbergwerk F 60) geprägt. **I 8**

Frankenberg (seit 1974 **KB**, He). Waldreiche Hügellandschaft mit Eder und Ederbergland. 10-türmiges Rathaus mit gotischen Stilelementen in der Kreisstadt. **D 9** FKB ●

Flensburg (Stadtkreis, 1974 SH). Man sollte es nicht nur mit Blick auf die Verkehrssünderkartei sehen. Von rauhem nordischem Charme ist die Grenzstadt Vermittlerin zwischen Dänemark und Deutschland. **E 2** FL

Flöha (seit 1994 **FG**, Sa). Direkt an den Osten von Chemnitz anschließende frühere Industrieregion (Baumwollspinnerei Clauß, Textilindustrie) am Nordrand des Erzgebirges. **I 10** FLÖ ●

Bodenseekreis (Sitz in Friedrichshafen, 1973 BW). Badische und württembergische Teile am Nordufer des Bodensees, berühmt sind Überlingen und Meersburg. Friedrichshafen ist die Wiege des Zeppelinbaus. **E 16** FN

Forchheim (1972 Bay). Ländlicher Kreis nördlich der geschäftigen Zentren Nürnberg und Erlangen. Bekannt durch lokale Biersorten, Forellendelikatessen, das Annafest und die schönsten Adventskalender. **G 12** FO

Forst (seit 1994 **SPN**, BBG). Zwischen Cottbus und der Lausitzer Neiße entwickelte sich Forst im 19. Jh. dank mehrerer Tuchfabriken zum „deutschen Manchester". **J 8** FOR ●

Freiburg (Stadtkreis, 1973 BW). Heimliche Sehnsucht aller Schwarzwald- und Rheintalbewohner, junge Stadt, aber mit altem Münster (als einziges in Deutschland während des Mittelalters fertiggestellt). **C 15/16** FR

Breisgau-Hochschwarzwald (Sitz in Freiburg, 1973 BW). Reicht vom Rhein bis zum Hochschwarzwald. Touristik rund ums Höllental, Titisee und Schluchsee. **CD 15/16** FR

Freyung-Grafenau (Sitz in Freyung, 1972 Bay). In der Ecke zu Tschechien und Österreich reizen Landschaft und zackige Gipfel (Dreisesselberg, 1.312 m). **I 14** FRG

Friesland (Sitz in Jever, 1980 NdS). Wo das friesisch herbe Bier herkommt, ist man zwischen Moor- und Marschgebieten eigenwillig und sympathisch. **C 4** FRI

FRW ⭘ **Bad Freienwalde** (seit 1994 **MOL**, BBG). Brandenburgs älteste Kurstadt (Gesundbrunnen 1684) konzentriert sich auch heute auf Kuren, Baden und Tourismus. **J 6**

FS **Freising** (1972 Bay). „Wer Freising nicht gesehen hat, der kennt Altbayern nicht." (W. H. Riel). Sehenswert: Altstadt, Domberg, Weihenstephan und die Rokoko Klosterkirche Neustift. Im Kreisgebiet liegt der größte Teil des Münchner Flughafens. **G 15**

FT **Frankenthal** (Stadtkreis, 1970 RP). Mit ca. 50.000 Einwohnern im pfälzischen Rhein-Neckar-Dreieck. Für den früheren Landkreis Frankenthal ist FT auslaufend, die Abwicklung erfolgt über die Zulassungsbehörde Bad Dürkheim (DÜW) und den Rhein-Pfalz-Kreis **D 12**

FTL ⭘ **Freital** (seit 1994 **PIR**, Sa). Ehemals wichtiger Standort von Steinkohlebergbau und Stahlindustrie, 2002 durch das Hochwasser der Weißeritz in den Schlagzeilen. Neun Kilometer südwestlich vom Zentrum der Landeshauptstadt und angrenzend an Dresden. **I 10**

FÜ **Fürth** (Stadtkreis, 1972 Bay). Die erste deutsche Eisenbahn, die berühmte „Adler", fuhr am 7.12.1835 aus der Nachbarstadt Nürnberg nach Fürth. **F 12/13**

FÜ **Fürth** (Sitz in Zirndorf, 1918 Bay). Landkreis im Westen von Fürth, der viele Kleinstädte mit einschließt. **F 12/13**

FÜS ⭘ **Füssen** (seit 1974 **OAL**, Bay). Die Region um Füssen am Lech wurde dank Ludwigs II. Märchenschloss Neuschwanstein und Schloss Hohenschwangau zum „Königswinkel" Bayerns. Musiker kennen Füssen als Wiege des europäischen Lauten- und Geigenbaus (heute museal dokumentiert). **F 16**

FW ⭘ **Fürstenwalde** (seit 1994 **LOS**, BBG). Im Berliner Urstromland Teil des „Speckgürtels" der Hauptstadt. Viel Industrie (Reifen, Chemie-, Tankanlagenbau). **J 7**

FZ ⭘ **Fritzlar-Homberg** (seit 1974 **HR**, He). Im nordhessischen Bergland fällte einst Bonifatius im Jahr 723 die Donareiche und begann die Christianisierung des Norden Deutschlands. **E 9**

Gera (Stadtkreis, 1952 Th). Die große ostthüringische Stadt an der Weißen Elster hat eine malerische Altstadt. Auch bekannt: das Otto-Dix-Haus Gera. **H 10** G

Gardelegen (seit 1994 **SAW,** SaAn). In der südwestlichen Altmark mit Hochflächen und Milde-Tal. Nach Berlin und Hamburg die der Fläche nach drittgrößte Stadt Deutschlands. **G 6** GA ⭘

Gandersheim (seit 1978 **NOM**, NdS). Zwischen Harz und Leinetal mit dem Solebad Bad Gandersheim, das dank der gleichnamigen ersten Dichterin Deutschlands (10. Jh.) auch als „Roswithastadt" bekannt ist. **EF 8** GAN ⭘

Garmisch-Partenkirchen (1862 Bay). Olympia-Ort (1936) am Fuß des Wettersteingebirges im Werdenfelser Land. Zugspitzbahn zur Zugspitze (2.964 m). **G 16/17** GAP

Glauchau (seit 2008 **Z**, Sa). An der Zwickauer Mulde und am Rande des Erzgebirgsbecken mit viel Industrie und auf„blühender Landschaft" („Gartenstadt"). **H 10** GC ⭘

Schwäbisch Gmünd (seit 1994 **AA**, BW). Die Gold- und Silberstadt (Handwerkstradition seit dem 17. Jh.) gilt als Europas Stadt mit der größten Designerdichte. **E 14** GD ⭘

Gadebusch (seit 1994 **NWM**, MV). Landwirtschaft (z.B. Zuckerrüben, Getreide) und Viehhaltung bestimmten seit eh und je diesen Kreis im Nordwesten von Mecklenburg-Vorpommern. **G 4** GDB ⭘

Gelsenkirchen (Stadtkreis, 1975 NRW). Die frühere „Stadt der 1000 Feuer" – mit unzähligen Fackeln wurde einst während der Stahl-Hausse das Grubengas der Kokereien abgefackelt – ist legendäre wie skandalträchtige Fußballhochburg (FC Schalke 04). **C 8** GE

Geldern (seit 1975 **KLE**, NRW). Am Niederrhein an der deutsch-niederländischen Grenze mit dem wichtigen Marien-Wallfahrtsort in der Kleinstadt Kevelaer. **B 8** GEL ⭘

Gemünden am Main (seit 1974 **MSP**, Bay). Zwischen Spessart, Rhön und Fränkischem Weinland, vom uralten Handelsweg Birkenhainer Straße durchkreuzt. **E 12** GEM ☆

GEO ● **Gerolzhofen** (seit 1974 **SW**, Bay). Zwischen Main und Steigerwald in Unterfranken. Im 17. Jh. wurden hier fast tausend vermeintliche Hexen hingerichtet. **F 12**

GER **Germersheim** (1818 RP). Das ehemalige Römerkastell wurde in der Neuzeit industriell geprägt. Der Kreis liegt im Rheingraben und bildet die Ecke der Pfalz zu Baden-Württemberg und dem Elsaß. **D 13**

GF **Gifhorn** (1974 NdS). Zwischen Wolfsburg und Braunschweig-Lüneburg reicht der Kreis bis in die Gebiete der Heidelandschaft. Internat. Mühlenmuseum. Etwa 176.000 Einwohner. **F 6/7**

GG **Groß-Gerau** (1977 He). Im Herzen des Rhein-Main-Gebietes mit dem größten Naturschutzgebiet Hessens und den urigen „Spargeltagen Gerauer Land". **D 12**

GHA ● **Geithain** (seit 1994 **L**, Sa). Am Südrand der Leipziger Tieflandsbucht und im Sächsischen Hügelland. **H 9**

GHC ● **Gräfenhainichen** (seit 1994 **WB**, SaAn). Am Rand der Dübener Heide mit dem Industriedenkmal der „Eisenstadt" Ferropolis am Gremminer See, das an den früheren Braunkohletagebau erinnert. **H 8**

GI **Gießen** (1979 He). Traditionsreiche Universitätsstadt an der Lahn, Zentrum der mittelhessischen Region. Ideale Einkaufsmöglichkeiten und ein sehr vielfältiges Kulturangebot (u.a. Liebig-Museum). **D 10**

GK ● **Geilenkirchen-Heinsberg** (seit 1972 **HS**, NRW). Der Zusatz „Selfkantkreis" Geilenkirchen-Heinsberg bekräftigte die Rückgabe des von den Niederlanden nach dem II. Weltkrieg annektierten Gebietes. **B 9**

GL **Rheinisch-Bergischer Kreis** (Sitz in Bergisch Gladbach, 1938 NRW). Die Kreisstadt Bergisch Gladbach liegt im malerischen Naturpark Bergisches Land. **C 9/10**

GLA ● **Gladbeck** (seit 1975 **RE**, NRW). Im nördlichen Ruhrgebiet gehörte Gladbeck zur Emscherzone, in der erst Ende des 19. Jh. Bergbau und Kohleförderung begannen. Schließung der letzten Zeche „Graf Moltke" 1971. **BC 8**

GM

Oberbergischer Kreis (Sitz in Gummersbach, 1975 NRW). Die Erholungslandschaft mit Fachwerkdörfern, Wäldern und Talsperren ist eine bekannte Freizeitregion. Noch bekannter: der VfL Gummersbach. **C 9**

GMN ○

Grimmen (ab 1994 **NVP**, MV). Im nordvorpommerschen Flachland dominierte Landwirtschaft (Kartoffeln, Roggen, dazu Rinderhaltung), marginale Erdölförderung in Reinkenhagen. **I 3**

GN ○

Gelnhausen (seit 1974 **MKK**, He). Als Stadtgründung Friedrichs I. nennt sich Gelnhausen „Barbarossastadt“, hat die besterhaltene Kaiserpfalz der Stauferzeit und viel Fachwerk um Ober- und Untermarkt. **E 11**

GNT ○

Genthin (seit 1994 **JL**, SaAn). Östlich der Elbe, auf halber Strecke zwischen Magdeburg und Berlin, führte der Elbe-Havel-Kanal durch das Kreisgebiet. **GH 7**

GOA ○

Sankt Goar (seit 1969 **SIM**, RP). Zwischen Rhein und Hunsrück im Oberen Mittelrheintal, Teil des UNESCO-Welterbes und Durchbruch durch das Rheinische Schiefergebirge. Hoch über Sankt Goar die trutzige wie malerische Burg Rheinfels. **C 11**

GÖ

Göttingen (Stadtkreis, 1972 NdS). Bekannte norddeutsche Universitätsstadt mit wichtigen Forschungsstätten (u.a. vier Institute der Max-Planck-Gesellschaft) und mit der berühmten Gänseliesel, die jeder frisch gebackene Doktor küssen darf. **E 8**

GÖ

Göttingen (1972 NdS). Landkreis zwischen Harz und Weser, u.a. von dt. Fachwerkstraße, dt. Märchenstraße und Straße der Weser-Renaissance durchquert. **E 8**

GOH ○

Sankt Goarshausen (seit 1969 **EMS**, RP). Hieß von 1962 bis 1969 Loreleykreis, schließlich liegt die Kreisstadt St. Goarshausen am Fuße der Loreley – oder mit anderen Worten: Nirgendwo anders im Land ist die Landschaft deutscher – romantischer? – als hier. **C 11**

GP

Göppingen (1938 BW). Die Märklinstadt (Modelleisenbahnen) beherrscht den Stauferkreis, mit Bad Überkingen, Bad Boll, Bad Ditzenbach (Mineralwasser). **E 14**

Die Koordinaten im Text beziehen sich auf die Karte Seite 108.

GR **Görlitz** (2008 Sa). Der östlichste Landkreis Deutschlands mit der geteilten Grenzstadt Görlitz (Baudenkmäler; polnischer Teil „Zgorzelec") liegt im Osten der Oberlausitz und Westen Niederschlesiens. Von kulturhistorischer Bedeutung: Fürst-Pückler-Park in Bad Muskau, Zittauer Fastentücher (15./16. Jh.), Oberlausitzer Umgebindehäuser und in Weißwasser das Jagdschloss. **J 9/10**

GRA ⭘ **Grafenau** (seit 1974 **FRG**, Bay). Im Bayerischen Wald an der deutsch-tschechischen Grenze mit Verwaltungssitz und Anteilen am Nationalpark Bayerischen Wald. **I 14**

GRH ⭘ **Großenhain** (seit 1995 **MEI**, Sa). Im Nordwesten von Dresden. 1918 gab es hier den ersten Arbeiter- und Soldatenrat Sachsens, 2010 Verwüstungen der „freundlichen Stadt im Grünen" (Landesgartenschau 2012) durch einen Tornado. **I 9**

GRI ⭘ **Griesbach i. Rottal** (seit 1974 **PA**, Bay). Wegen seiner drei Thermalquellen („Dreiquellenbad") gehört Bad Griesbach zum Niederbayerischen Bäderdreieck. **I 14**

GRM ⭘ **Grimma** (seit 1995 **L**, Sa). Im Süden von Leipzig im Nordsächsischen Platten- und Hügelland. **H 9**

GRS ☆ **Gransee** (seit 1994 **OHV**, BBG). Zwischen Prignitz und der Uckermark. Die Region erhielt 1995 in einer Untersuchung zur Lebensqualität in Deutschland den 1. Platz. Originelle Statuen: „Anna und Otto" vor dem Ruppiner Tor, dem Wahrzeichen von Gransee. **I 5**

GRZ **Greiz** (1952 Th). Südlich von Gera an der Weißen Elster, im thüringischen Winkel zu Sachsen. Hübsche Schlösser und im Oktober der Webermarkt. **H 10**

GS **Goslar** (1977 NdS). Tausendjährige Kaiserstadt am Nordrand des Naturparkes Harz mit mittelalterlichem Stadtbild (seit 1992 UNESCO-Weltkulturerbe). **F 8**

GT **Gütersloh** (Sitz in Rheda-Wiedenbrück, 1973 NRW). Die Stadt im Südwesten des Teutoburger Waldes ist bekannt durch Bertelsmann und Hausgeräte im Premiumsegment (Miele), der Kreis als „Genussgebiet" von Steinhäger bis zur „Wurstküche Westfalens" (Versmold). **D 7/8**

Gotha (1952 Th). „Das Tor zum Thüringer Wald" liegt 310 m über NN. Sehenswert: Schloss Friedenstein mit dem Ekhof-Theater, die historische Altstadt. **F 10** — **GTH**

Guben (seit 1994 **SPN**, BBG). Seine Randlage – sowohl an der Lausitzer Neiße zur deutsch-polnischen Grenze als auch im sorbischen Gebiet – bestimmte über die Jahrhunderte hinweg die Geschichte des Kreises. **J 7/8** — **GUB** ○

Güstrow (seit 2012 **LRO**, MV). Landschaftlich reizvolles „Paradies des Nordens" mit viel Sehenswertem: Ernst-Barlach-Museum, Schloss, Dom, hist. Altstadt. **H 4** — **GÜ** ○

Gunzenhausen (seit 1974 **WUG**, Bay). Im fränkischen Seenland mit der Kreisstadt am Altmühlsee. **F 13** — **GUN** ○

Grevenbroich (seit 1975 **NE**, NRW). Gewaltige Braunkohlekraftwerke machten die „Bundeshauptstadt der Energie" zu einer der dreckigsten Städte Europas, doch Hape Kerkeling hat ihr durch die Kultfigur Horst Schlämmer ein mediales Denkmal gesetzt. **B 9** — **GV** ○

Grevesmühlen (ab 1994 **NWM**, MV). Fruchtbares Ackerland hin zur Ostseeküste dominiert im Westen von Wismar die Nordwestecke von MV. Traditionsreichstes Gewerbe ist hier das Müllerhandwerk. **G 4** — **GVM** ○

Greifswald (ab 1994 **OVP**, MV). Nordvorpommersches Flachland um Greifswald (die Hansestadt wurde 1974 dem Landkreis ausgegliedert) nördlich der Peene. **I 3** — **GW** ○

Günzburg (1939 Bay). Günzburg an der Donau, zwischen Ulm und Augsburg. Historische Altstadt aus dem 17. Jh. mit Schloss, Hofkirche und Torturm. Legoland Deutschland befindet sich seit 2002 in Günzburg. **F 15** — **GZ**

Hannover (Region Hannover, 2001 NdS). Neben führender Industrie und Binnenhafen am Mittellandkanal vor allem als Messestadt bedeutend (INDUSTRIE, CeBit, EXPO 2000). Moderne Verkehrserschließung: Flughafen Langenhagen, öffentlicher Personennahverkehr. Reizvoll: Maschsee, Herrenhäuser Gärten, Stadtwald Eilenriede. In der Umgebung Erholungsgebiete Steinhuder Meer und Deister. **E 7** — **H**

Die Koordinaten im Text beziehen sich auf die Karte Seite 108.

HA **Hagen** (Stadtkreis, 1975 NRW). Südlich des Ruhrgebiets in altindustrieller Region (Westfälisches Museum technischer Kulturdenkmale), Jugendstilgebäude, überregional bekannt ist auch die Fernuniversität. **C 9**

HAB ⭘ **Hammelburg** (seit 1974 **KG**, Bay). Unterfränkischer Kreis zwischen der bayerischen Rhön und der Fränkischen Saale. **E 11**

HAL **Halle** (Stadtkreis, 1952 SaAn). Größte Stadt im Land Sachsen-Anhalt. Ist mit herausragender Forschungs- und Bildungslandschaft ein attraktiver Wirtschaftsstandort. Gilt auch als Kulturhauptstadt des Landes. **G 8/9**

HAM **Hamm** (Stadtkreis, 1975 NRW). Die Stadt ist zentraler Wirtschaftsstandort der Region. Öko-Zentrum Nordrhein-Westfalens, Maximilianpark, Waldbühne. **C 8**

HAS **Haßberge** (Sitz in Haßfurt/Main, 1972 Bay). In den Naturparks Haßberge und Steigerwald zeigt sich „Franken Besuchern von der schönsten Seite". **F 11**

HB **Hansestadt Bremen** (Freie Stadt, 1952, HB). An der Weser, 60 Kilometer vor deren Nordseemündung kleinste Freie Stadt Deutschlands. Berühmt: die Bremer Stadtmusikanten, der Roland, die historische Altstadt mit Marktplatz, Böttcherstraße und Schnoorviertel, die Bremer Baumwollbörse und Beck's Brauerei. **D 5**

HB **Bremen-Nord** (Sitz in Bremen-Vegesack, HB). Nach dem Untergang der Werft „Bremer Vulkan" weiträumige Umgestaltung in ein Einkaufs- und Freizeitquartier. **D 5**

HB **Bremerhaven** (Stadtkreis, HB). Bremens Tor zur Welt und nach Übersee an der Mündung der Weser, Deutschlands wichtigster Importhafen für Autos; u.a. Deutsches Schifffahrtsmuseum. **D 4**

HBN **Hildburghausen** (1952 Th). Ländlicher Kreis am Südhang des Thüringer Waldes (Coburg). **F 11**

HBS ⭘ **Halberstadt** (seit 2007 **HZ**, SaAn). Im nördlichen Harzvorland bis zur Magdeburger Börde im Osten. Bedeutender Dom in der alten Kreis- und Bischofsstadt. **FG 8**

Hainichen (seit 1995 **FG**, Sa). Nordwestlich Chemnitz' um die Gellertstadt Hainichen, dem Geburtsort des moralisierenden Dichters Christian Fürchtegott Gellert. **I 10** — HC ●

Hechingen (seit 1973 **BL**, BW). Eine Landschaft: die Schwäbische Alb, ein Berg: der Zoller, eine Burg und ein Name: Hohenzollern gaben diesem Kreis weit über Preußen hinaus eine deutsche Kaiseraura. Profaner, aber sättigender ist Hechingen als Hauptsitz der Sternenbäck GmbH mit bundesweit über 200 Filialen. **D 15** — HCH ●

Heidelberg (Stadtkreis, 1973 BW). „Alt-Heidelberg, du feine ..." Dort, wo die Kulisse aus Altstadt, Schloss und Fluss inmitten von Bergen eine der schönsten Städte im Land entstehen ließ, wird kräftig Scheffel zitiert. Das Schloss ist laut DZT neben Neuschwanstein und Kölner Dom die touristische Top-Destination Deutschlands. **D 13** — HD

Rhein-Neckar-Kreis (Sitz in Heidelberg, 1973 BW). An Heidelberg zieht sich das verträumte Neckartal mit vielen Flusskehren, -schleifen und steilen Hängen vorbei und teilt den Odenwald und den Kraichgau. **D 13** — HD

Heidenheim (1938 BW). Auf der Schwäbischen Alb an der Brenz. Naturtheater auf dem Schloßberg in Heidenheim und Schäferlauf übers Stoppelfeld. **F 14** — HDH

Haldensleben (seit 1994 **BK**, SaAn). Selbstbewusst der Slogan der Kreisstadt an der Ohre: „Wer kommt, bleibt", dazu außergewöhnlich mit Europas einziger reitenden Rolandsfigur vor dem Rathaus. **G 7** — HDL ●

Helmstedt (1945 NdS). Landkreis im Naturpark Elm-Lappwald gelegen, ehemalige Universitätsstadt, hübsche Altstadt und neueres Zonengrenzmuseum. **FG 7** — HE

Hersbruck (seit 1974 **LAU**, Bay). Mittelfränkischer Kreis im Osten Nürnbergs. In der Kreisstadt das Deutsche Hirtenmuseum, das einzige zu diesem Thema im Land, und das Schloss Hersbruck. **G 12** — HEB ●

Hersfeld-Rotenburg (Sitz in Bad Hersfeld, 1972 He). Berühmt durch die Bad Hersfelder Festspiele im Sommer und das waldreichste Gebiet in Hessen. **E 10** — HEF

Die Koordinaten im Text beziehen sich auf die Karte Seite 108.

HEI **Dithmarschen** (Sitz in Heide/Holstein, 1970 SH). Vom Nord-Ostsee-Kanal geteilter Westholsteiner Kreis. Etwas karg, aber auch Kartoffel- und Kohlgebiet. **E 3**

HER **Herne** (Stadtkreis, 1975 NRW). Alter Ort aus dem 9. Jh., in der Neuzeit ursprünglich Bergbaustadt (Kohle), jetzt verarbeitende Industrie. Statistiken weisen sie als verkehrssicherste Stadt Deutschlands aus. **C 8**

HET ● **Hettstedt** (seit 1994 **MSH**, SaAn). Im östlichen Harzvorland, von der Wipper durchkreuzt. Früher von Kupferbergbau und -verarbeitung dominiert. **G 8**

HF **Herford** (Sitz in Kirchlengern, 1832 NRW). Gehört zur Ravensberger Mulde im östlichen Westfalen, auch „Spinn- und Linnenländchen" genannt. Die Kleinstadt Bünde gilt als „Zigarrenkiste Ostwestfalens". **D 7**

HG **Hochtaunuskreis** (Sitz in Bad Homburg vor der Höhe, 1972 He). Mit dem schönen Taunus (Großer Feldberg, 880 m), der römischen Saalburg und dem „Kaiserbad". Bad Homburg ist eine bekannte Casino-Stadt. **D 11**

HGN ● **Hagenow** (seit 1994 **LWL**, MV). Im Süden Schwerins war der landwirtschaftlich geprägte Kreis derjenige mit der größten Ausdehnung in der DDR. **G 4/5**

HGW **Hansestadt Greifswald** (seit 2011 Teil des Landkreises Vorpommern-Greifswald, MV). Am Greifswalder Bodden. Umschlags- und Museumshafen, Yachtzentrum, Universitätsstadt, Klosterruine Eldena, Pommersches Landesmuseum. **I 3**

HH **Hansestadt Hamburg** (Freie Stadt, 1952 HH). Deutschlands zweitgrößte und Freie Stadt ist berühmt durch Hafen und St. Pauli, wunderschön durch Binnenalster, Speicherstadt und Michel (Wahrzeichen Hamburgs) interessant durch den Fischmarkt, seinen Marktschreiern und die kulturelle Szene. (u.a. nach New York und London der weltweit drittgrößte Musicalstandort.). **EF 4**

HHM ● **Hohenmölsen** (seit 1994 **BLK**, SaAn). Im Südwesten von Leipzig mit extensivem Braunkohleabbau, besonders östlich der Kreisstadt im Großtagebau Profen. **H 9**

Hildesheim (1977 NdS). Seit mehr als 1000 Jahren bedeutendes kulturelles Zentrum an den „Wegen der Romanik" mit UNESCO-Weltkulturerbe, historischer Marktplatz, Kehrwiederturm und Dom. **E 7** — **HI**

Heiligenstadt (seit 1995 **EIC**, Th). Im Zentrum des Eichsfelds zwischen Kassel und Harz um die nun offiziell Heilbad Heiligenstadt lautende Kreisstadt. **F 9** — **HIG** ⭘

Hilpoltstein (seit 1974 **RH**, Bay). Im Süden von Nürnberg machte Hilpoltstein, eine Gründung der Herren von Stein, über die Jahrhunderte Karriere als Residenzstadt, war jahrelang an Nürnberg verpfändet, aus dem Bezirksamt (1862) wurde der spätere Kreis. **G 13** — **HIP** ⭘

Heidekreis (Sitz in Bad Fallingbostel, 2011 NdS). Mit dem Naturpark Lüneburger Heide und den Weiden- und Wiesenflächen des Viehbruchs. Mehrere Tier- und Freizeitparks wie der Heide-Park in Soltau, Serengeti-Park in Hodenhagen und Weltvogelpark Walsrode.**E 5/6** — **HK**

Hansestadt Lübeck (Stadtkreis, 1970 SH). An der Travemündung. Berühmt durch das Holstentor, die BacksteinAltstadt, das Buddenbrook-Haus, das Schabbel-Haus, das Marzipan, den „Rotspon" (französischer Wein) und das Seebad Travemünde. **F 4** — **HL**

Hameln-Pyrmont (Sitz in Hameln, 1922 NdS). Mit dem Pyrmonter Bad (1668, aus der Antike bekannt) und „Rattenfängerstadt" Hameln (Rattenfängerhaus). **E 7** — **HM**

Hannoversch Münden (seit 1973 **GÖ**, NdS). An der Grenze zu Hessen mit dem Zusammenfluss von Werra und Fulda zur Weser in der Kreisstadt. **E 9** — **HMÜ** ⭘

Heilbronn (Stadtkreis, 1973 BW). Oberzentrum der Region Heilbronn-Franken, Wirtschaftszentrum und berühmte Feste (Weindorf, Neckarfest). Grüne Stadt: Goldmedaillenträger Entente florale 2000. **E 13** — **HN**

Heilbronn (Sitz in Heilbronn, 1973 BW). Hier findet man schöne Teile des Neckartals und den sechstgrößten Binnenhafen im Land. Mit der „Audi-Stadt" Neckarsulm ist der Kreis ein tradit. Automobilbau-Zentrum. **E 13** — **HN**

Die Koordinaten im Text beziehen sich auf die Karte Seite 108.

HO **Hof** (Stadtkreis, 1972 Bay). Einst vorgeschobener Posten für den Transitverkehr in Bayern. Bekannt als Stadt der Spindeln und des Bieres. **G 11**

HO **Hof** (1972 Bay). Mit Anteilen am mittelgebirgigen Frankenwald und Fichtelgebirge. An der Grenze zu Tschechien, mit ruhigen Wald- und Höhengebieten. **GH 11**

HÖS ○ **Höchstadt a.d. Aisch** (seit 1974 **ERH**, Bay). Die lokale Spezialität Aischgründer Spiegelkarpfen kennen einige, die Sportartikelhersteller adidas und PUMA sowie die Schaeffler Gruppe in Herzogenaurach wohl alle. **F 12**

HOG ○ **Hofgeismar** (seit 1972 **KS**, He). Über ein Drittel der Kreisfläche nahm der sagen- und legendenumwobene Reinhardswald (mit Märchenschloss Sababurg) ein, der auch Kulisse vieler Grimmschen Märchen ist. **E 8**

HOH ○ **Hofheim in Unterfranken** (seit 1974 **HAS**, Bay). Um das geographische Zentrum der westlichen Haßberge. Dort deren Wahrzeichen: die Bettenburg. **F 11**

HOL **Holzminden** (1941 NdS). Weserstadt an der Grenze zu NRW. Kurorte Neuhaus im Solling und Silberborn ergänzen das mittelalterliche Bild der „Aromenstadt". Sie beherbergt einen Campus der HAWK Hochschule für angewandte Wissenschaft und Kunst. **E 8**

HOM **Saarpfalz-Kreis** (Sitz in Homburg, 1974 Saar). Saarpfälzischer Kreis im ehemals bayerischen Teil der Pfalz. Homburg ist Bahn- und Straßenknotenpunkt. **C 13**

HOR ○ **Horb am Neckar** (seit 1973 **FDS**, BW). Von den östlichen Ausläufern des Nordschwarzwaldes bis ins Neckartal reichend. Trotz des hist. „Schurkenturms" in der Kreisstadt sollen die Horber ganz nett sein, schließlich haben sie die Stiftkirche zum Heiligen Kreuz neben dem Turm zu ihrem Wahrzeichen erkoren. **D 15**

HOT ○ **Hohenstein-Ernstthal** (seit 1994 **Z**, Sa). Ein Landkreis im Norden des Erzgebirges mit kleiner Fläche und hoher Bevölkerungsdichte, in der Kreisstadt das Geburtshaus von Karl-May und der Sachsenring, ein Austragungsort der Motorrad-WM. **H 10**

Bergstraße (Sitz in Heppenheim a.d.B., 1945 He). Zwischen Rhein (Reichskloster Lorsch mit Königshalle) und Odenwald. Schon in der Römerzeit wichtige Straßen, z. B. Siegfried- und Nibelungenstraße. Ist Bestandteil der Region Rhein-Main und Rhein-Neckar. **D 12** HP

Schwalm-Eder-Kreis (Sitz in Homberg, 1974 He). Mit der Schwalmniederung, dem Fuldatal und dem Knüll nicht nur für kurvenreiche Autobahnen, sondern auch für seine ausgedehnten Wälder bekannt. **E 9** HR

Hansestadt Rostock (Stadtkreis, 1952 MV). Universitäts- und Hafenstadt mit Backsteingotik (Rathaus, Marienkirche etc.) und Seebad Warnemünde. Die gotische Marienkirche in der Altstadt verfügt über eine astronomische Uhr aus dem 15. Jahrhundert. **H 3** HRO

Heinsberg (1972 NRW). Deutschlands westlichster Kreis bietet abwechslungsreiche Landschaften, hervorragende Radwandermöglichkeiten und attraktive Städte wie Heinsberg, Erkelenz und Geilenkirchen. **AB 9** HS

Hochsauerlandkreis (Sitz in Meschede, 1975 NRW). Großer Flächenkreis im touristisch interessanten Sauerland. Waldreiches „Land der 1000 Berge" (Langenberg 843 m, Kahler Asten 841 m). **D 9** HSK

Hansestadt Stralsund (seit 2011 Teil des LK Vorpommern-Rügen, MV). Verkehrsnadelöhr nach Rügen für Autos und IC-Züge. Backsteingotik und Meeresaquarium. **I 3** HST

Main-Kinzig-Kreis (Hanau, 1974 He). Hanau im Nordosten von Frankfurt ist die größte Stadt des Main-Kinzig-Kreises mit viel Industrie (Ursprung: Gold- und Silberschmieden) und bedeutendem Handelshafen. **D 11** HU

Hünfeld (seit 1972 **FD**, He). Hünfeld ist auch – nach dem Computer-Pionier – als „Konrad-Zuse-Stadt" bekannt, Kreis mit Anteilen am Naturpark Hessische Rhön. **E 10** HÜN ☆

Husum (seit 1970 **NF**, SH). „Graue Stadt am Meer" nennt man Husum an der Nordseeküste. Drum herum friesisch herbe Landschaft mit Schleswigscher Geest und Nationalpark Schleswig-Holst. Wattenmeer. **E 2/3** HUS ☆

HV ● **Havelberg** (seit 1994 **SDL**, SaAn). Ganz im Nordosten von Sachsen-Anhalt, wo die Havel in die Elbe mündet. Von der Schifffahrts- und Fischereitradition ist noch eine Schiffsbauwerft erhalten. **H 6**

HVL **Havelland** (Sitz in Rathenow, 1993 BBG). Zwischen der Landesgrenze Sachsen-Anhalts im Westen und Berlins im Osten liegt der Landkreis. Neben Rathenow sind Nauen und Falkensee sehenswert. **H 6**

HW ☆ **Halle** (seit 1973 **GT**, NRW). Ländliche Region zwischen Emssandebene und Teutoburger Wald. In Halle befindet sich das Hauptwerk der August Storck KG und dort begann auch deren süße Geschichte. **D 7**

HWI **Hansestadt Wismar** (seit 2011 Teil des LK Nordwestmecklenburg, MV). Die Hansestadt ist berühmt für ihren schönen Altstadtkern (Fürstenhof der Renaissance, Rathaus, Marktplatz, repräsentiert noch heute die Blütezeit des Städtebunds im 14. Jh.) und den modernen Hafen. **G 4**

HX **Höxter** (1975 NRW). Industriestadt mit Klinik für biophysikalische Therapie. Das Kloster Corvey war als Benediktinerabtei im MA Zentrum des Geisteslebens. **E 8**

HY ● **Hoyerswerda** (seit 2009 **BZ**, Sa). Die Region in der nördlichen Oberlausitz ist geprägt von Braunkohle-Vergangenheit und Strukturwandel. Die ausländerfeindlichen Ausschreitungen in Hoyerswerda kreierten das Unwort des Jahres 1991: „ausländerfrei". **J 9**

HZ **Harz** (Sitz in Halberstadt, 2007 SaAn). Halberstadt, das Tor zum Harz, und Quedlinburg glänzen mit Fachwerk (Weltkulturerbe) und Sakralbauten. Landschaftlich top ist der Harz samt Brocken und Harzer Hexenstieg. Trotz niedersächsischen Protesten, wo man auch Harz-Anrainer ist, haben sich Kreisname und Kennzeichen durchgesetzt, letzteres jedoch unter Verwendung bestimmter Nummerngruppen, um Verwechslungen mit KFZs des früheren Landkreises Herzberg zu vermeiden. **FG 8**

HZ ☆ **Herzberg** (seit 1994 **EE**, BBG). Im Breslau-Magdeburger Urstromtal mit der Schwarzen Elster bis zu den Lausitzer Höhen und dem Rand des Südfläming reichend. **I 8**

St. Ingbert (Saar-Pfalz-Kreis, 1974 Saar). Stadt mit Fraunhofer-Institut, SAP, FESTO. Historisches Stadtbild mit einer alten Pfarrkirche, Museum St. Ingbert und ständige Albert-Weisgerber-Sammlung. **C 13** IGB

Ilmkreis (Sitz in Arnstadt, 1952 Th). Der Ilm-Kreis liegt in der Mitte des Bundeslandes beim Kamm des Thüringer Waldes. Kreisstadt ist die Bach-Stadt Arnstadt – auch ältester Ort der östlichen Bundesländer. **F 10** IK

Ilmenau (seit 1995 **IK**, Th). Nördlich des Rennsteigs im Thüringer Wald mit einem Waldanteil von über zwei Dritteln der gesamten Kreisfläche. In Ilmenau traditionsreiche Glas- und Porzellanindustrie. **F 10** IL ⭘

Illertissen (seit 1974 **NU**, Bay). Zwischen Ulm und Memmingen im bay. Regierungsbezirk Schwaben. **F 15** ILL ⭘

Ingolstadt (Stadtkreis, 1972 Bay). Die eigentliche „Audi-Stadt". Innovatives Industriezentrum, an einer der Hauptverkehrsachsen in Bayern gelegen. **G 14** IN

Iserlohn (seit 1975 **MK**, NRW). Im Nordwesten des Sauerlandes ein „Kragenkreis", in dem die kreisfreie Stadt Iserlohn eine Enklave bildete. **C 9** IS ☆

Steinburg (Sitz in Itzehoe, 1888 SH). Kleine Stadt an der Stör, südlich des Nord-Ostsee-Kanals gelegen. Hier befindet sich die tiefste Landesstelle Deutschlands (3,54 m u. NN) in Neuendorf bei Wilster. **E 4** IZ

Jena (Stadtkreis, 1952 Th). Im mittleren Saaletal mit der historischen Universität seit jeher eine renommierte Stadt des Wissens (Zentralinstitut für Erdbebenforschung) und der Präzisionsoptik (Carl Zeiss, Schott, Jenaer Glas) im Thüringer Städteband. **G 10** J

Jüterbog (seit 1994 **TF**, BBG). Mitten im Fläming besticht die eh. Kreisstadt mit viel historischer Bausubstanz, insbesondere Backsteingotik (z.B. Rathaus). **HI 7** JB ☆

Jessen (seit 1994 **WB**, SaAn). Am Ostufer der Elbe mit Deutschlands nördlichsten kommerziell genutzten Weinbergen und einem Stück der Annaburger Heide. **H 8** JE ⭘

JEV ☆ **Jever** Friesland (seit 1978 **FRI**, NdS). Jeverland, das ist Marsch, Geest und Moor und für Besucher besonders reizvoll die Insel Wangerooge im Wattenmeer. **C 4**

JL **Jerichower Land** (Burg, 2007 SaAn). Burg, die Stadt mit den vielen Türmen, und Jerichow (romanische Klosteranlage) liegen im Elbe-Urstromgebiet nördlich von Magdeburg. Bei der Kreisreform 2007 im Süden um Teile des Landkreises Anhalt-Zerbst erweitert. **G 7**

JÜL ● **Jülich** (seit 1972 **DN**, NRW). Zwischen Historie und Moderne sind der Hexenturm (Stadttor) und der Solarturm Jülich markante Kontraste in der Kreisstadt. **B 10**

K **Köln** (Stadtkreis, 1975 NRW). Berühmt durch den Dom, der größte Kirchenbau der Gotik, und den Karneval mit Stunksitzung und Weiberfastnacht – aber auch durch den FC, die Mundartmusik in Kölsch und die kölschen Originale Tünnes und Schäl. Wichtige Messe- und Medienstadt (Media-Park), dazu Deutschlands wichtigster Eisenbahnknotenpunkt. **BC 10**

KA **Karlsruhe** (Stadtkreis, 1973 BW). Kunst- und Kulturstadt am Rhein mit zahlreichen Museen, u.a. dem Zentrum für Kunst und Medientechnologie/ZKM, Barockschloss mit Badischem Landesmuseum. **D 13**

KA **Karlsruhe** (1973 BW). Im Rheintal und am Schwarzwaldrand. Die Albtalbahn nach Bad Herrenalb und die Zweisystembahn nach Bretten begeistern Bahnfreunde. **D 13**

KAR ☆ **Main-Spessart** (seit 1979 **MSP**, Bay). Main und Spessart prägen den gleichnamigen Kreis. Früher war man hier mit KAR (Kreisstadt Karlstadt) unterwegs. **E 11/12**

KB **Waldeck-Frankenberg** (Sitz in Korbach, 1974 He). Stadt im Waldecker Land zwischen Eder-, Diemel- und Twistesee. Mittelalterlicher Stadtkern mit gotischer Hallenkirche und Museum mit fossilen Fundstücken. **D 9**

KC **Kronach** (1939 Bay). Im Frankenwaldwinkel zu Thüringen gelegen, wichtige Bahntrasse durch den Kreis über Ludwigsstadt. Malerisch alte Kreisstadt mit historischer Stadtbefestigung und Industrie. **G 11**

Kempten (Stadtkreis, 1972 Bay). Das einst römische „Cambodunum" im Allgäu blickt auf eine über 2000-jährige Geschichte zurück. Jetzt ist die Metropole des Allgäus als „Tor zu den Allgäuer Alpen" bekannt. **F 16** KE

Kelheim (1939 Bay). Stadt am Zusammenfluss von Donau und Altmühl, dem heutigen Main-Donau-Kanal. Hier befinden sich die Befreiungshalle, der Donaudurchbruch und das Kloster Weltenburg. **G 14** KEH

Kehl (seit 1973 **OG**, BW). In der Oberrheinischen Tiefebene mit dem rechtsrheinischen Teil des Hanauer Landes um das Hafenstädtchen Kehl. **C 14** KEL ●

Kemnath (seit 1974 **TIR**, Bay). In der Oberpfalz zwischen den Naturparks Fichtelgebirge und Steinwald. In Kemnath historischer Stadtkern und seit dem 18. Jh. Passionsspieltradition. **G 12** KEM ●

Kaufbeuren (Stadtkreis, 1972 Bay). Im Allgäuer Alpenvorland. Ehemals freie Reichsstadt. Historische Altstadt, Mode- und Schmuckzentrum Neugablonz. **F 16** KF

Bad Kissingen (1972 Bay). Bad Kissingen, Bad Bocklet, Bad Brückenau und Hammelburg stehen für Gesundheit und gediegene Kultur. Am Südrand der Rhön. Das bayerische Staatsbad ist die viertgrößte Stadt des Regierungsbezirks Unterfranken. **F 11** KG

Bad Kreuznach (1970 RP). Pittoreskes Stadtbild, Gesundheits- und Bäderoase (Radon-Solbad) an der Nahe in einer klimatisch bevorzugten und von Weinbau geprägten Landschaft. Deswegen haben sich hier Betriebe der Weinindustrie, insbesondere Abfüll- und Kellertechnik, angesiedelt. **C 12** KH

Kiel (Stadtkreis, 1970 SH). Schleswig-Holsteins Hauptstadt mit Kriegshafen. Berühmt in windigen, aber ruhigeren Zeiten: „Kieler Woche" und Kieler Förde. **F 3** KI

Donnersbergkreis (Sitz in Kirchheimbolanden, 1969 RP). Kleiner Kreis um den höchsten Berg der Pfalz (Donnersberg: 687 m) mit vielfältigen Spuren der Geschichte (u.a. hübsche Barockbauten und Wasserschloss). **CD 12** KIB

KK ● **Kempen-Krefeld** (seit 1975 **VIE**, NRW). Zwischen Krefeld und der deutsch-niederländischen Grenze. Im Geburtsort des Mystikers Thomas von Kempen historische Bürgerhäuser und Fachwerkarchitektur. **B 9**

KL **Kaiserslautern** (Stadtkreis, 1972 RP). Kaiserpfalz von Friedrich I. Barbarossa. Universitätsstadt. Der Betze, das Terrain der Roten Teufel, ist längst Legende. **C 13**

KL **Kaiserslautern** (1972 RP). Eine Landschaft für Naturliebhaber. Viele Kulturdenkmäler und Museen. Etwa 100.000 Einwohner zählt der dünn besiedelte Kreis. **C 12/13**

KLE **Kleve** (1975 NRW). Niederrheinischer Kreis an der niederländischen Grenze. Reizvoll sind die historischen Orte Kleve, Kalkar, Kevelaer und Geldern. **B 8**

KLZ ● **Klötze** (seit 1994 **SAW**, SaAn). Im Nordosten von Wolfsburg ist Klötze modern (Mikroalgen-Produktionsanlage) und traditionell (Spargel- und Besenbinderfest). **G 6**

KM ● **Kamenz** (seit 2008 **BZ**, Sa). In der westlichen Oberlausitz, charakteristisch ihre Teiche, Heide und Bergland, gehörte der Kreis zur Euroregion Neiße. Die Lessingstadt Kamenz (Geburtsort des Dichters) mit Lessing-Museum und Lessing-Tagen, ist auch ökonomisch ganz spirituell dank des Abfüllwerks von Jägermeister. **J 9**

KN **Konstanz** (1973 BW). Historische, pittoreske Stadt mit Münster, Konzil und imposanter Imperia am Bodensee. Interessante Museen, großes kulturelles Angebot, zudem Universitätsstadt. Alljährlicher Publikumsmagnet: das Seenachtsfest. **E 16**

KO **Koblenz** (Stadtkreis, 1970 RP). Am „Deutschen Eck", Zusammenfluss von Rhein und Mosel. Wirtschaftliches und kulturelles Oberzentrum am Mittelrhein. Eine Seilbahn fährt zu der auf einem Hügel gelegenen Festung Ehrenbreitstein hinauf, die mehrere Museen beherbergt und kulturelle Veranstaltungen ausrichtet. **C 11**

KÖN ● **Königshofen i. Grabfeld** (seit 1974 **NES**, Bay). Unterfränk. Kreis an der Saale mit Anteilen an den Haßbergen und den Naturparks Rhön und Thüringer Wald. **F 11**

Köthen (seit 2007 **ABI**, SaAn). Im Schwarzerdegebiet der Magdeburger Börde landwirtschaftlich fruchtbar, in der Stadt Köthen originell mit dreitägigem Volksfest der deutschen Sprache und dem „Haus der Deutschen Sprache". **G 8** — KÖT ⭘

Kötzting (seit 1974 **CHA**, Bay). Am Nordrand des bay. Anteils des Böhmerwaldes. Erst nach Auflösung des Landkreises erhielt Kötzting den Zusatz „Bad". **H 13** — KÖZ ⭘

Krefeld (Stadtkreis, 1975 NRW). Damals durch Zuwanderung von Hugenotten zur „Samt- und Seidenstadt" (Seidenweberdenkmal) geworden. Heute interessant für Besucher und Tagungsgäste. **B 9** — KR

Krumbach (seit 1974 **GZ**, Bay). Im Zentrum des Regierungsbezirks Schwaben im Südwesten von Bayern, natürlich mit Maria-Hilf-Kirche in der Kreisstadt. **F 15** — KRU ⭘

Kassel (Stadtkreis, 1972 He). Stadt mit hervorragenden Bauten, überragt vom Herkules und dem Bergpark Wilhelmshöhe. Alle 5 Jahre die große Kunstschau „documenta". Reiche Museenlandschaft. **E 9** — KS

Kassel (1972 He). Kreis um Kassel (Fuldatal, VW-Werk in Baunatal) bis zum romantischen Reinhardswald im Norden; Märchenland der Brüder Grimm. **E 9** — KS

Kitzingen (1972 Bay). Von der Volkacher Mainschleife und Marktbreit bis zum Ochsenfurter Gau. Viel Wein- und Gemüseanbau. In der Stadt findet man gut erhaltene fränkische Bauten wie das Rödelseer Tor. **F 12** — KT

Kulmbach (1972 Bay). Kreisstadt im Herzen Oberfrankens; bekannt durch die Hohenzollernresidenz Plassenburg und als „heimliche Hauptstadt des Bieres". **G 11** — KU

Hohenlohekreis (Sitz in Künzelsau, 1973 BW). Ländlich in der Hohenloher Ebene wurden hier schon früh regionale Nahverkehrskonzepte erprobt. **E 13** — KÜN

Kusel (1937 RP). Äcker, Wiesen und Hügel bestimmen das Pfälzer Bergland. Einmalig: Draisinentour – Radfahren auf Schienen im Kuseler Musikantenland. **C 12** — KUS

KW ⭘ **Königs Wusterhausen** (seit 1994 **LDS**, BBG). Direkt an den südlichen Stadtrand Berlins angrenzend, mit originellem Namen, der seinen Ursprung in „Wustrow", also Insel, hatte (die Burg lag auf einem Werder). **I 7**

KY ⭘ **Kyritz** (seit 1994 **OPR**, BBG). In der Prignitz. Die volkstümliche Bezeichnung „an der Knatter" bezog sich auf die ehem. Wassermühlen an der Jäglitz. Heute gibt's hier allenfalls das Rauschen am Dosse-Speicher Kyritz. **H 6**

KYF **Kyffhäuserkreis** (Sitz in Sondershausen, 1995 Th). Am Nordrand des Thüringer Beckens zu finden. Vielbesuchtes Ausflugsziel ist der Kulpenberg (477 m) mit Kyffhäuserdenkmal und Barbarossahöhle. **F 9**

L **Leipzig** (Stadtkreis, 1952 Sa). Stadt mit unverwechselbarem Flair, als Messe- und Bachstadt bekannt. Sehenswert sind Passagen und Handelshöfe, das Alte Rathaus, Auerbachs Keller, Völkerschlachtdenkmal. **H 9**

L **Leipzig** (Landkreis, Sitz in Borna, 2008 Sa). In der Leipziger Tieflandbucht aus den Kreisen Muldental und Leipziger Land vereint. Zum Teil mit Kanälen verbundene Seen im Südwesten entstanden durch Flutungen früherer Braunkohletagebau werke („Leipziger Neuseenland"), z.B. der Cospudener See. Weil L zudem Unterscheidungszeichen für die Stadt Leipzig und auslaufend für den Verwaltungsbezirk Lahn-Dill-Kreis ist, werden hier nur Erkennungsnummern von U 1–Z 9999 und UA 1–ZZ 9999 verwendet. **H 9**

L ☆ **Lahn-Dill-Kreis** (seit 1991 **LDK**, He). Für knapp drei Jahre bestand die auf Verwaltungsebene geschaffene Stadt „Lahn" aus Gießen, Wetzlar und umliegenden Gemeinden samt dem Kreisgebiet um dieses Konstrukt und den Flüssen Lahn und Dill. **D 10**

LA **Landshut** (Stadtkreis, 1972 Bay). Von der bewegten Vergangenheit zeugen viele Bauwerke. Mittelständische Industrie mit Maschinenbau, Keramik, Textilien. **H 14**

LA **Landshut** (1972 Bay). Staatliches Kreisgebiet von der Großen Vils über das Isartal bis zur Kleinen Laaber. Eher landwirtschaftlich geprägt. **H 14**

Landau a.d. Isar (seit 1974 **DGF**, Bay). Niederbayerischer Landkreis im Osten von Landshut, an der Isar. **H 14** — LAN ○

Lauterbach (seit 1979 **VB**, He). Im Norden des Vogelsberges mit dem „Lauterbacher Strolch" in der Kreisstadt, einem Denkmal nach dem Lauterbacher Strumpflied und das Emblem, das heimische Käseprodukte ziert. **E 10** — LAT ☆

Nürnberger Land (Sitz in Lauf a.d. Pegnitz, 1972 Bay). Mittelgebirgiges im Osten Nürnbergs, dort Naturpark „Fränkische Schweiz – Veldensteiner Forst". **G 12** — LAU

Ludwigsburg (1973 BW). Residenzstadt nördlich von Stuttgart mit Deutschlands größtem Barockschloss und der Gartenschau „Blühendes Barock". Gehört zur europäischen Metropolregion Stuttgart **E 14** — LB

Lobenstein (seit 1995 **SOK**, Th). Im Thüringer Schiefergebirge zwischen den Ausläufern des Thüringer Waldes und Frankenwaldes, früher an der dt.-dt.Grenze. **G 11** — LBS ○

Lübz (ab 1994 **PCH**, MV). Mit der Schwinzer Heide, viel Wald und der Landschaft Ture („Auerochse"), ein Indiz für traditionelle landwirtschaftliche Nutzung. **GH 4** — LBZ ○

Luckau (seit 1994 **LDS**, BBG). In der Niederlausitz, um Luckau Rekultivierung des ehem. Braunkohlereviers, im Stadtzentrum viel historische Architektur. **I 8** — LC ○

Landau i.d. Pfalz (Stadtkreis, 1970 RP). Die Universitätsstadt ist wirtschaftlicher und kultureller Mittelpunkt der Südlichen Weinstraße. Mit rund 2050 ha Rebenbaufläche ist Landau die größte weinbautreibende Gemeinde in Deutschland. **D 13** — LD

Lahn-Dill-Kreis (Sitz in Wetzlar, 1979 He). Mitten im romantischen Lahntal liegt die ehemalige Reichsstadt und heutige Kreisstadt Wetzlar. Reizvolle Altstadt mit Dom, mittelalterlichem Marktplatz, Goethe-Erinnerungsstätten. **D 10** — LDK

Dahme-Spreewald (Sitz in Königs Wusterhausen, 1995 BBG). Das Kreisgebiet bietet viele Ausflugsmöglichkeiten in das Dahmeland und den Spreewald. **I 7** — LDS

Die Koordinaten im Text beziehen sich auf die Karte Seite 108.

LE ☆ **Lemgo** (seit 1973 **LIP**, NRW). In Ostwestfalen-Lippe. Bundesweit bekannt: der TBV Lemgo (Handball), weniger bekannt, aber berüchtigt: die Hexenverfolgung in „Lemgo, dem Hexennest" (17. Jh.) und das Hexenbürgermeisterhaus in der Alten Hansestadt. **D 7**

LEO ○ **Leonberg** (seit 1973 **BB**, BW). Verkehrsknoten westlich Stuttgarts mit pittoreskem Marktplatz in Leonberg und Bausparkassenvergangenheit. **DE 14**

LER **Leer/Ostfriesland** (Sitz in Leer, 1979 NdS). Um die durch Seeschiffe erreichbare Kreisstadt typisches Flachland mit tollen Optionen zum Radwandern. **C 5**

LEV **Leverkusen** (Stadtkreis, 1975 NRW). Künstliches Stadtgebilde bzw. moderne Stadtgründung des Jahres 1930, die erst 1969 ein Zentrum erhielt. Berühmt durch Chemie (Bayer Leverkusen) und Fotoindustrie. **BC 9**

LF ○ **Laufen** (seit 1974 **BGL,** Bay). Im Rupertiwinkel (benannt nach dem 1. Salzburger Bischof und „Apostel der Baiern") an der Salzach und Grenze zu Österreich. **H 16**

LG **Lüneburg** (1927 NdS). Stolzes historisches Kreisgebiet um die einzige völlig unversehrte Stadt deutscher Backsteingotik mit altem Hafen. Jedem ein Begriff ist die dünn besiedelte, durch Holzeinschlag und Waldbrände entstandene Lüneburger Heide mit Naturparks. **F 5**

LH ○ **Lüdinghausen** (seit 1975 **COE**, NRW). Im Münsterland um die Dreiburgenstadt Lüdinghausen. **C 8**

LI **Lindau** (1955 Bay). Pittoreske bayerische Inselstadt im Bodensee mit viel Geschichte und Architektur (mittelalterlicher Stadtkern, Rathaus, Haus zum Cavazzen). Wichtige Drehscheibe der Bodensee-Schifffahrt. Im Landkreis kontrastieren die Bodensee-Uferorte Nonnenhorn, Hoyerberg und Wasserburg mit Fischerei und Weinanbau mit dem hügeligen Westallgäu im Osten, seiner Viehzucht und Milchwirtschaft. **E 16/17**

LIB ○ **Bad Liebenwerda** (seit 1994 **EE**, BBG). Einst von Industrie und Landwirtschaft geprägt, setzt Bad Liebenwerda auf den Ausbau als Kur- und Erholungszentrum. **I 8**

Lichtenfels (1972 Bay). 1142 erstmals erwähnt und bekannt als Deutsche Korbstadt (einzige dt. Korbfachschule). Im Kreis ist der Staffelberg mit Aussicht bis zur Veste Coburg. Sehenswert: das Kloster Banz. **G 11** **LIF**

Lingen (seit 1978 **EL**, NdS). Im südlichen Emsland mit Moorgebieten und Geestrücken grenznah zu den Niederlanden. Standort der deutschen Erdölindustrie. **C 6** **LIN** ☆

Lippe (Sitz in Detmold, 1973 NRW). Eine Namensgebung zur Erinnerung an das bis 1947 selbstständige Fürstentum Lippe. **D 8** **LIP**

Lübbecke (seit 1973 **MI**, NRW). Flaches Lübbecker Land im Norden Ostwestfalen-Lippes zwischen Wiegengebirge, Stemmer Bergen und Großem Torfmoor. **D 7** **LK** ☆

Landsberg am Lech (1939 Bay). Zwischen Lech und Ammersee; mittelalterl. Stadtkern. Sehenswert: das einzigartige Lechwehr, Barock- und Rokokokirchen. **F 15** **LL**

Limburg-Weilburg (Sitz in Limburg/Lahn, 1974 He). Berühmt: der Limburger Dom, der sogar von der Autobahn A 3 gut zu sehen ist. Im Kreis: reizvolle hessische Kleinstädte (Bad Camberg/Werlburg). **D 11** **LM**

Lübben (seit 1994 **LDS**, BBG). Typische Spreewaldlandschaft – natürlich mit formidabler Gurkenfabrikation –, auf deren mäandernden Flussläufen es sich herrlich in alten Holzkähnen „staken" lässt. Kulturversierte erkennen an Denkmal und Kirche, dass hier Paul Gerhardt, einer der bedeutendsten Komponisten von Kirchenliedern, seine Wirkungsstätte hatte. **I 8** **LN** ●

Lörrach (1973 BW). In Deutschlands Südwestecke lohnt ein Blick über die Grenze in die Dreiländermetropole Basel. Nett: Wiesental und Museumsbahn. In der näheren Umgebung liegen der Schwarzwald, das Rheintal sowie die Städte Weil am Rhein und Basel. **C 16** **LÖ**

Löbau (seit 1994 **GR**, Sa). In der Oberlausitz. Skurril ist der Löbauer König-Friedrich-August-Turm (19. Jh.), finanziert vom Bäckermeister Bretschneider, der Vergangenes, Orient und Eisenguss originell verbindet. **J 9** **LÖB** ●

Die Koordinaten im Text beziehen sich auf die Karte Seite 108.

LOH ☆ **Lohr a. Main** (seit 1974 **MSP**, Bay). Am Ostrand des Spessarts nimmt Lohr für sich in Anspruch, dass Schneewittchen einst im Lohrer Schloss geboren wurde. Fabulogisch belegt, können Schneewittchen samt Zwerge heute gebucht werden. **E 11/12**

LOS **Oder-Spree** (Sitz in Beeskow, 1993 BBG). Seengebiet südöstlich Berlins um Oder und Spreewald. Städte: Erkner, Fürstenwalde, Beeskow, Eisenhüttenstadt. **J 7**

LP ○ **Lippstadt** (seit 1975 **SO**, NRW). Westfälischer Landkreis zwischen Lippe und Möhne. **D 8**

LR ○ **Lahr** (seit 1973 **OG**, BW). Von der Oberrhein. Tiefebene bis zum Westrand des Schwarzwalds reichend. **C 15**

LRO **Rostock** (2011 MV). Die Hansestadt Rostock umgebend, mit dem an Sehenswürdigkeiten reichen Kreissitz Güstrow und exklusiver Ostseebad-Aura in Heiligendamm, der „Weißen Stadt am Meer." **H 3**

LS ☆ **Lüdenscheid** (seit 1979 **MK**, NRW). Im Nordwesten des Sauerlands um die Industriestadt Lüdenscheid. **C 9**

LSZ ○ **Bad Langensalza** (seit 1995 **UH**, Th). Kreis im Thüringer Becken, vom Fluss Unstrut durchkreuzt. **F 9**

LU **Ludwigshafen/Rhein** (Stadtkreis, 1969 RP). Die zweitgrößte Stadt der Agglomeration Rhein-Neckar ist durch die Chemische Industrie (BASF) und den Containerhafen zur modernen Industriestadt geworden. **D 12/13**

LU ☆ **Ludwigshafen** (RP). Der an die Stadt Ludwigshafen anschließende Landkreis wurde 2003 in Rhein-Pfalz-Kreis umbenannt (ab 2005 Kennzeichen RP). **D 12/13**

LÜD ☆ **Lüdenscheid** (1975–1979 **LS**, NRW). Die Kennzeichenfolge war hier LÜD–LS–MK, der Imagewandel von der Bergstadt zur „Stadt des Lichts" (Lampenindustrie). **C 9**

LÜN ○ **Lünen** (seit 1975 **UN**, NRW). Am Nordrand des Ruhrgebiets zwischen Münsterland und dem Hellweg. Lünen gehört dem Landschaftsverband Westfalen-Lippe sowie dem Regionalverband Ruhr an. **C 8**

Luckenwalde (seit 1994 **TF**, BBG). Im Norden des Flämings mit dem westlichen Baruther Urstromtal. **I 7** LUK ☆

Ludwigslust-Parchim (Sitz in Parchim, 2013 MV). Seenlandschaften prägen den Nordosten des Kreises, den Rest bevölkerungsarmes Flachland, kaum unterbrochen durch die Ruhner Berge, der höchsten Erhebung im Kreis. **G 5** LUP

Ludwigslust (seit 2011 Teil des Landkreises Ludwigslust-Parchim, MV). Zwischen Elde und Rögnitz, am Verkehrsknoten zwischen Berlin, Schwerin und Hamburg. Ehemalige Residenzstadt mit Schloss. **G 5** LWL

München (Stadtkreis, 1972 Bay). „Die Hoffnung" vieler Bayern mit schönem Zentrum um Marienplatz und Frauenkirche, berühmt durch die Biergärten an der Isar, Kunstmuseen, das Deutsche Museum auf der Isarinsel und seine legendären „Originale" (u.a. Karl Valentin).**G 15** M

München (1972 Bay). Umkreis und Speckgürtel Münchens, landschaftlich von der ausgedehnten Münchner Schotterebene geprägt, Sitz vieler dt. Weltfirmen. **G 15** M

Mannheim (Stadtkreis, 1973 BW). Dienstleistungs- und Kulturstadt im Norden Badens an des Neckars Rhein-Mündung. Barockstadt. Wahrzeichen: Schachbrettstraßen („Quadrate") und Wasserturm. **D 12/13** MA

Marienberg (seit 1995 **ERZ**, Sa). Im mittleren Erzgebirge Sachsens mit Automobil-Zulieferindustrie. **I 10** MAB ○

Mainburg (seit 1974 **KEH**, Bay). Niederbayer. Landkreis in der Hallertau, dem weltweit größten Hopfenanbaugebiet. Im Kreisstädtchen Mainburg sind große Hopfenverarbeitungs- und -handelsunternehmen ansässig, im Juli findet das Hopfenfest statt. **G 14** MAI ○

Marktredwitz (seit 1974 **WUN**, Bay). An der Grenze zu Tschechien. Im Egerland-Kulturhaus in der Kreisstadt eine volkstümliche Ausstellung zur hauptsächlich in Tschechien um die Stadt Cheb liegenden Region. **H 11** MAK ○

Mallersdorf (seit 1974 u.a. **SR**, Bay). Niederbayerischer Kreis mit reichlich Klosterordenstradition. **H 14** MAL ○

Die Koordinaten im Text beziehen sich auf die Karte Seite 108.

MAR ✪ **Marktheidenfeld** (seit 1974 **MSP**, Bay). Unterfränkischer Kreis am Mainviereck an der Ostseite des Spessarts. Historische Fachwerkhäuser, malerische Gässchen und moderne Architektur. **E 12**

MB **Miesbach** (1939 Bay). Südlich von München an den Bayerischen Alpen bzw. dem Mangfallgebirge. Beliebte Ausflugsziele: Tegernsee, Schliersee und das Leitzachtal. Trad. Zentrum von Trachten und Brauchtum. **G 16**

MC ○ **Malchin** (ab 1994 **DM**, MV). In der Mecklenburgischen Schweiz mit dem Kummerower See und neogotischen Stilelementen an Malchins Stadttoren. Der Ort bildet für seine Umgebung ein Grundzentrum. **H 4**

MD **Magdeburg** (Stadtkreis, 1952 SaAn). Landeshauptstadt Sachsen-Anhalts an der Elbe mit berühmtem Dom. Im Frühmittelalter Kaiserpfalz von Otto I., im Spätmittelalter eine der großen deutschen Städte und Zentrum der Reformation, heute wichtiger Bahn- und Straßenknoten, Universitätsstadt, Zentrum der Straße der Romanik. **G 7**

ME **Mettmann** (1995 NRW). Bevölkerungsreicher Landkreis zwischen Düsseldorf und Wuppertal. Mettmann ist bekannt als die „Neanderthal-Stadt" wegen der Knochenfunde im Neanderthal. Weitaus Trivialeres bot Kerkelings Kinofilm „Samba in Mettmann" (2004). **BC 9**

MED ○ **Meldorf** (seit 1970 **HEI**, SH). Kreis mit Wattenmeer, Geestinsel und viel karger Landschaft. Architektonischer Höhepunkt in Meldorf ist der Dom (Backsteingotik). **E 3**

MEG ○ **Melsungen** (seit 1974 **HR**, He). Die ehem. nordhessische Kreisstadt besitzt eine reiche Fachwerkarchitektur und das Rathaus der „Bartenwetzer" (Barte = Axt), wie der Neckname der Melsunger ist, einen Holzfäller, der auf das traditionelle hiesige Handwerk anspielt. **E 9**

MEI **Meißen** (2008 Sa). Weltberühmtes Porzellan („Signatur": gekreuzte, blaue Schwerter und dem Schriftzug MEISSEN MANUFAKTUR 1710 unter August dem Starken gegründete Manufaktur) und Fachwerk zwischen Elbufer und Burgberg. Jünger sind die Reben an den Elbhängen, Teil der Ferienregion „Sächsisches Elbland". **I 9**

Mittlerer Erzgebirgskreis (1995 Sa). Im Mittleren Erzgebirge vollzog sich um Marienberg ein Niedergang des Bergbaus. Originelle Produkte der neueren Erwerbsquelle Holz sind die Seiffener Nussknacker und die Räuchermännchen. Durch Marienberg führt die Silberstraße, museal ist das Bergmagazin. **I 10** MEK ⭘

Melle (seit 1972 **OS**, NdS). Zwischen Wiehengebirge im Norden und dem Teutoburger Wald im Süden sowie den Großstädten Osnabrück und Bielefeld. **D 7** MEL ⭘

Meppen (seit 1978 **EL**, NdS). Lange Zeit gab es im zentralen Emsland hauptsächlich Moor und Torf. Inzwischen ist die Region für den Verkehr erschlossen und ein beliebtes (Fahrrad)Touristenziel. **C 6** MEP ☆

Merseburg (seit 1994 **SK**, SaAn). Der Kreis besaß Legendäres (Merseburger Zaubersprüche), Religiöses (Dom, Kloster), Kostbares (Domschatz), Herzögliches (Schloss), Sagenhaftes (Rabe) in Merseburg und Chemisches (Standorte in Schkopau und Leuna). **G 9** MER ⭘

Meschede (seit 1979 **HSK**, NRW). Mitten im Sauerland im Norden des Rothaargebirges mit Ruhr und Hennetalsperre. Über die Kreisgrenzen bekannt: die Honsel AG und Veltins in Meschede. **D 9** MES ☆

Mellrichstadt (seit 1974 **NES**, Bay). In der Region Main-Rhön im äußersten Norden von Bayern, wo Unterfranken an den Thüringer Wald grenzt. **F 11** MET ⭘

Mönchengladbach (Stadtkreis, 1975 NRW). 270.000 Einwohner, hervorragende Verkehrsanbindung, Kultur, Sport und die Nähe zum niederländischen Nachbarn prägen die Großstadt am Niederrhein. **B 9** MG

Mergentheim (seit 1973 **TBB**, BW). An der Romantischen Straße, von der Tauber durchflossen, mit Anteilen am Bauland sowie mit Bad Mergentheim das größte Kur- und Heilbad Baden-Württembergs. **E 12/13** MGH ⭘

Meiningen (seit 1995 **SM**, Th). Historisch prägte die innerdeutsche Grenze den Kreis, geographisch das Werratal, die Rhön und das Grabfeld. **F 10** MGN ⭘

MH **Mülheim a. d. Ruhr** (Stadtkreis, 1975 NRW). Zentral im Ruhrgebiet gelegen. Stadt seit 1808, Großstadt seit 1908, aber mit der Burg Broich (karolingische Wehranlage) sogar auf das Jahr 883 zurückgehend. **B 9**

MHL ⭘ **Mühlhausen** (seit 1995 **UH**, Th). Im Westen des Thüringer Beckens hat Mühlhausen eine bewegte Vergangenheit – so im Bauernkrieg 1525 mit Thomas Münzer oder bei der Täuferbewegung, Teile der mittelalterlichen Stadtmauer und -tore sind erhalten – und Gegenwart mit der größten Stadtkirmes im Land. **F 9**

MI **Minden-Lübbecke** (Minden, 1973 NRW). Mit über 1200-jähriger Geschichte ist Minden das kulturelle und wirtschaftliche Zentrum im Kreis. Dort das größte Wasserstraßenkreuz der Welt (Weser, Mittellandkanal). **D 7**

MIL **Miltenberg** (1939 Bay). Fast ganz von Baden-Württemberg und Hessen umgeben, im Südspessart, ein traditionelles Urlaubs- und Wandergebiet; Wein-, Winzer- und Volksfeste. **E 12**

MK **Märkischer Kreis** (Sitz in Lüdenscheid, 1975 NRW). Einst „künstlicher Name" eines Kreises, der im westlichen Sauerland in einer alten Industriezone (Nähe zum Ruhrgebiet) mit modernen Impulsen liegt. **C 9**

MKK **Main-Kinzig-Kreis** (Sitz in Gelnhausen, 1974 He). Von Frankfurts Stadtgrenze bis zum Distelrasen, vom Spessart und Vogelberg über die Rhön bis zur Wetterau. MKK seit Juni 2005, Stadt Hanau weiterhin HU. **E 11**

ML ⭘ **Mansfelder Land** (seit 2007 **MSH**, SaAn). Im östlichen Harzvorland um die Lutherstadt Eisleben mit jahrhundertelanger Kupferbergbau-Vergangenheit. **G 8**

MM **Memmingen** (Stadtkreis, 1972 Bay). Zu Oberschwaben gehörendes hübsches Städtchen am Tor zum Allgäu mit historischer Altstadt, nahe dem Autobahnkreuz A 7/A 96 gelegen. **F 15/16**

MN **Unterallgäu** (Sitz in Mindelheim, 1972 Bay). Umgebung von MM auf der bay. Seite. In Babenhausen: Fuggerschloss, Fuggermuseum, viele Pfarrkirchen. **F 15**

MO ○

Moers (seit 1975 **WES**, NRW). Größte, am unteren Niederrhein gelegene Stadt des Kreises Wesel. Sehenswert u.a.: Moerser Schloss und Schloss Lauersfort. **B 8**

MOD ○

Marktoberdorf (seit 1975 **OAL**, Bay). Kerngebiet des heutigen Landkreises Ostallgäu, in den auch die Landkreise Kaufbeuren und Füssen integriert wurden. **F 16**

MOL

Märkisch-Oderland (Sitz in Bad Freienwalde, 1993 BBG). Früher noch mit dem schönen Kennzeichen SEE/ Seelow. Grenzt im Osten an Polen (Grenzfluss Oder). **J 6**

MON ○

Monschau (seit 1972 **AC**, NRW). Im malerisch an die Uferhänge der Rur gebauten Monschau deutet wenig darauf hin, dass viele politische Veränderungen und geographische Eingriffe den Kreis prägten, am drastischsten der Bau des Westwalls vor dem II. Weltkrieg. **B 10**

MOS

Neckar-Odenwald-Kreis (Sitz in Mosbach, 1973 BW). Ehemals badisches Gebiet im Bauland. Außerdem Anteile am Odenwald sowie Neckartal. **E 13**

MQ ○

Merseburg-Querfurt (seit 2007 **SK**, SaAn). Von Landwirtschaft geprägt, mit Deutschlands größtem künstlich angelegten See (Geiseltalsee, 18,42 km^2). **G 9**

MR

Marburg-Biedenkopf (Sitz in Marburg, 1974 He). Kreis mit reizvoller Natur – höchster Berg ist die Sackpfeife (674 m) im Nordwesten – zwischen Lahn und Ohm. Ewig junge, historische Unistadt Marburg. **D 10**

MS

Münster (Stadtkreis, 1975 NRW). Die alte Hauptstadt Westfalens vereinigt Tradition und Moderne. Zahlreiche, teils nach dem Krieg wiedererrichtete Bauwerke verschiedener Epochen prägen die Atmosphäre der 2004 mit dem LivCom-Award als „lebenswert" ausgezeichneten Altstadt. Münster ist auch als Fahrradstadt bekannt. Im Park des barocken Fürstbischöflichen Schlosses befinden sich Gewächshäuser des Botanischen Gartens. **C 7/8**

MSE

Mecklenburgische Seenplatte (Neubrandenburg, 2013 MV). Deutschlands größter Landkreis gilt als „Land der tausend Seen" (insgesamt 527 km^2 Wasserfläche inkl. der Müritz) mit viel naturbelassener Landschaft. **I 5**

Die Koordinaten im Text beziehen sich auf die Karte Seite 108.

MSH **Mansfeld-Südharz** (Sitz in Sangerhausen, 2007 SaAn). Stolberg, das Schaubergwerk Röhrigschacht Wettelrode und die Lutherstadt Eisleben sind beliebte Besucherziele. Die „Berg- und Rosenstadt" Sangerhausen bietet den ultimativen Geruchskontrast zwischen Käsereien und Rosarium, der größten Rosensammlung der Welt. **G 8/9**

MSP **Main-Spessart-Kreis** (Sitz in Karlstadt, 1972 Bay). Den Kreis im fränkischen Weinland als „Räuberkreis" zu bezeichnen wäre verwegen, doch in den Wäldern des Spessarts geht so manche Räubersage umher. Ebenso eine Symbolfigur ist die hübsche Winzerin. Die Stadt Karlstadt liegt sehr malerisch am Main. **E 12**

MST **Mecklenburg-Strelitz** (seit 2011 Teil des Landkreis Mecklenburgische Seenplatte, MV). Sternförmig angelegte, sehenswerte Stadt am Zierker See mit Schloss, Park und Befestigungsanlagen. **I 5**

MT ☆ **Montabaur** (seit 1979 **WW**, RP). Traditionelles (Schloss, Altstadt, Stadtmauer) und Modernes (ICE-Bahnhof) am ehemaligen Sitz des Unterwesterwaldkreises. **C 11**

MTK **Main-Taunus-Kreis** (Sitz in Hofheim am Taunus, 1974 He). In Bezug zur Ausdehnung kleinster Landkreis Deutschlands mit bevölkerungsreichen Städtchen und viel Wald um Rhein, Main und Taunushang. Geht im Osten in die Vororte von Frankfurt über. **D 11**

MTL ○ **Muldentalkreis** (seit 2008 **L**, Sa). Im Süden von Leipzig benannt nach der Mulde, verwaltet von Grimma und von der Jahrhundertflut 2002 in Mitleidenschaft gezogen („stahl"sanierte Pöppelmannbrücke). **H 9**

MÜ **Mühldorf am Inn** (1972 Bay). Ein klassischer Wirtschaftsstandort und Einzelhandelszentrum, in dem die „Feste gefeiert werden, wie sie fallen". **H 15**

MÜB ○ **Münchberg** (seit 1974 **HO**, Bay). Oberfränkischer Kreis um die Textilstadt Münchberg, dem verkehrsgeografischen Tor zum Fichtelgebirge und Frankenwald. **G 11**

MÜL ☆ **Müllheim** (Baden) (seit 1973 **FR**, BW). Im Zentrum des Markgräflerlandes in der Oberrhein. Tiefebene. **C 16**

Münsingen (seit 1973 **RT**, BW). Auf der Schwäbischen Alb zwischen Reutlingen und Ulm, die Kreisstadt lag an der Schwäbischen Dichterstraße. **E 15** MÜN ☆

Müritz (seit 2011 Teil des Landkreis Mecklenburgische Seenplatte, MV). Direkt am Müritzsee, dem größten norddeutschen Binnensee. Dünn besiedelt mit Heide- und viel Seenlandschaft. **H 4** MÜR

Mittweida (seit 2008 **FG**, Sa). Im Mittelsächsischen Bergland und im Zschopautal um die Hochschul- und traditionsreiche Textilindustriestadt Mittweida. **H 10** MW ○

Mayen (seit 1973 **MYK**, RP). Im Osten der Eifel bis zum flach auslaufenden Koblenz-Neuwieder Rheinbecken. Der festliche Höhepunkt Mayens ist der alljährliche Lukasmarkt mit 9-tägigem Volksfest. **C 11** MY ○

Mayen-Koblenz (Sitz in Koblenz, 1970 RP). Landkreis um Koblenz entlang des Mittelrheins und der Mosel vom Westerwald bis in die Hohe Eifel. Dort auch: der Laacher See mit dem Kloster Maria Laach und das Refugium Konrad Adenauers im III. Reich. **C 11** MYK

Mainz (Stadtkreis, 1969 RP). Die Stadt des Buchdruck-Erfinders Johannes Gutenberg (gutes Museum) und eine Hochburg der rheinischen Fastnacht („Mainz wie es singt und lacht"). Rheingoldhalle, heute Medienpräsenz: ZDF, 3sat und Südwestrundfunk (SWR). **D 11/12** MZ

Mainz-Bingen (Sitz in Bingen, 1969 RP). Umland am Rheinknie, geprägt vom rheinhessener Weinanbau; zahllose Weinfeste in Spätsommer und Herbst. **C 12** MZ

Merzig-Wadern (Sitz in Merzig, 1964 Saar). Im Dreiländereck Deutschland/Frankreich/Luxemburg im Süden von Trier; berühmt durch die markante Saarschleife bei Mettlach und durch den Wolfspark in Merzig. **B 13** MZG

Nürnberg (Stadtkreis, 1972 Bay). Internationale Messestadt, beeindruckende Altstadt mit Kaiserburg, zahlreichen Sehenswürdigkeiten und Museen, Universität. Weltberühmt: der Nürnberger Christkindlesmarkt und als Weihnachtsgebäck Nürnberger Lebkuchen. **G 13** N

Die Koordinaten im Text beziehen sich auf die Karte Seite 108.

NAB ○ **Nabburg** (seit 1974 **SAD**, Bay). Die Naab und der Naturpark Oberpfälzer Wald prägten landschaftlich diesen ostbayerischen Landkreis. **H 13**

NAI ○ **Naila** (seit 1974 **HO**, Bay). Oberfränk. Kreis im Osten des Frankenwaldes, früher von der Textilindustrie dominiert, heute sind es Logistik und Einzelhandel. **G 11**

NAU ○ **Nauen** (seit 1994 **HVL**, BBG). Im Nordosten des Havellandes um die Kreisstadt Nauen, die viel hist. Bausubstanz, als „Funkstadt" aber auch Industriemonumente wie die skurrile Drehstandantenne besitzt. **H 6**

NB **Neubrandenburg** (seit 2011 Teil und Kreissitz des Landkreises Mecklenburgische Seenplatte, MV). Am Nordufer des Tollensesees, eingebettet in das größte zusammenhängende Seengebiet Mitteleuropas und in eine bezaubernde Landschaft von Hügeln und Wäldern. **I 4**

ND **Neuburg-Schrobenhausen** (Sitz in Neuburg a.d. Donau, 1972 Bay). Nähe Ingolstadt; Kreis als Vereinigung Oberbayerns mit Schwaben. Anteile am Fränkischen Jura, Donau-Isar-Hügelland und Donaumoos. **G 14**

NDH **Nordhausen** (1952 Th). Nördliches Ende Thüringens am Aufstieg des Harzes, mit Teilen der Goldenen Aue. Deutschlandweit berühmt durch den „Nordhäuser-Doppelkorn" (natürlich roggenecht). **F 8**

NE **Rhein-Kreis Neuss** (1975 NRW). Starker Wirtschaftsstandort am Rheinzwischen Düsseldorf und Köln, dessen früheste Wurzeln bis in die römische Zeit reichen. Der Neusser Hafen ist ein Massengut- und Containerumschlagplatz. Die Kreisstadt hat etwa 160.000 Einwohner. **B 9**

NEA **Neustadt a. d. Aisch-Bad Windsheim** (Sitz in Neustadt an der Aisch, 1972 Bay). Auf der Verkehrsachse Würzburg-Nürnberg. Sehenswert: Altstadt von Neustadt a.d. Aisch mit Marktplatz und Neptunbrunnen. **F 12**

NEB ○ **Nebra** (seit 1994 **BLK**, SaAn). Die Ausgrabung der Himmelsscheibe von Nebra, der ältesten bisher bekannten Himmelsdarstellung, machte 1999 diesen kleinen Ort überregional bekannt. **G 9**

Neustadt bei Coburg (seit 1974 **CO**, Bay). Im Süden des Thüringer Waldes zeugt das Museum der Dt. Spielzeug-Industrie von der Tradition der Puppen- und Plüschtierherstellung in der Bayerischen Puppenstadt. **G 11** NEC ⭘

Neunburg vorm Wald (seit 1974 **SAD**, Bay). Waldreiche, hügelige Region im östlichen Bayern zwischen Oberpfälzer Wald und Bayerischer Wald. **H 13** NEN ⭘

Rhön-Grabfeld (Sitz in Bad Neustadt, 1972 Bay). Nördlichster Kreis des Freistaates Bayern. Bekannt als touristisches und medizinisches Zentrum am Dreiländereck zu Hessen und Thüringen. **F 11** NES

Hochschwarzwald (seit 1973 **FR**, BW). Kreissitz war Neustadt, zum Landkreis gehörten die „Schwarzwald-klassiker" Titisee (Kuckucksuhren und gleichnamiger Kurort mit pittoresker Seestraße) und Feldberg (mit 1493 m der höchste Schwarzwaldgipfel). **D 16** NEU ☆

Neustadt a.d. Waldnaab (1972 Bay). In umgekehrter Buchstabenfolge zur umschlossenen freien Kreisstadt Weiden (WEN), landschaftlich schön im Oberpfälzer Wald. Ruine Flossenbürg, Kloster Speinshart. **H 12** NEW

Nordfriesland (Sitz in Husum, 1970 SH). Das viel besungene, nordisch karge Husum gebietet über den reizvollen Kreis der Halligen und Inseln mit Marsch, Geest und Wattenmeer an der Grenze zu Dänemark. Sylt gehört zum Kreis dazu. **E 2/3** NF

Neuhaus (seit 1956 **SON**, Th). Im südlichen Thüringen gibt's viel Wald entlang dem Rennsteig, im oberen Schwarzatal und in der Gräfenthaler Umgebung. **G 10** NH ⭘

Nienburg (1977 NdS). Zentrum an der Mittelweser mit Steinhuder Meer. 1000-jährige historische Altstadt (sehr schön das Rathaus und die Pfarrkirche St. Martin), hoher Freizeitwert, dazu reges Kulturleben. **E 6** NI

Südtondern (seit 1970 **NF**, SH). Deutschlands nördlichster Kreis an der dän. Grenze (lange Zeit im Fokus von Grenz-/Gebietszwistigkeiten) mit Sitz in Niebüll und den nordfriesischen Inseln Sylt, Föhr und Amrum. **D 2** NIB ☆

NK **Neunkirchen** (1974 Saar). Altindustrieller Kreis im Zentrum des Saarlands (bei Saarbrücken), Regional-Museen in Ottweiler und Römerstein bei Illingen. **C 13**

NM **Neumarkt in der Oberpfalz** (1939 Bay). Sehenswerte Altstadt, Burgruine Wolfstein, Zentrum des gleichnamigen Landkreises „Oberpfälzer Juratäler". **G 13**

NMB ⭘ **Naumburg** (seit 1994 **BLK**, SaAn). Mitten im nördlichsten deutschen Weinanbaugebiet (Saale-Unstrut) mit mildem Klima, alter Handelstradition, dem Dom, seinen berühmten Stifterfiguren und als Kontrast (oder Vollendung?) dem Nietzsche-Haus. **G 9**

NMS **Neumünster** (Stadtkreis, 1970 SH). Dynamische, moderne Stadt nördlich von Hamburg in Schleswig-Holstein. In zentraler Lage, gut angebunden durch die AKN-Bahngesellschaft/HW. **EF 3**

NÖ ⭘ **Nördlingen** (seit 1974 **DON**, Bay). Bekannteste Landschaftsformation im Kreis: das Nördlinger Ries, der steinalte Einschlagskrater eines Meteoriten, der nahezu kreisrund sich auf 22 mal 24 km ausdehnt. Das Zentrum der Altstadt bildet der imposante Bau der gotischen St.-Georgs-Kirche. **F 14**

NOH **Grafschaft Bentheim** (Sitz in Nordhorn, 1885 NdS). Trotz sich ändernder Zeiten blieb der Name erhalten. Als großes Kondominium nach Holland eingelagert, neben Textilindustrie besonders Energie-Rohstoffe: Torf, Erdgas, Erdöl. Schloss in Bad Bentheim. **C 7**

NOL ⭘ **Niederschlesischer Oberlausitzkreis** (seit 2008 **GR**, Sa). Im Freistaat Sachsen Deutschlands östlichster Landkreis mit der Verwaltung in Niesky und der einzigen größeren Stadt Weißwasser. **J 9**

NOM **Northeim** (1977 NdS). Im Solling und Weser-Leine Bergland, durchschnitten von der Nord-Süd-Verkehrsachse (A 7, ICE-Strecke) gibt es historische Fachwerkstädte (sehr schön: Einbeck mit Neuem und Altem Rathaus, der Häuserzeile Tiedexer Straße, das Eickesche Haus sowie vielen Bürgerhäusern) und eine abwechslungsreiche Mittelgebirgslandschaft. **EF 8**

Norden (seit 1978 **AUR**, NdS). Die Inseln Norderney und Juist, Deiche und fruchtbares Marschland prägten den Kreis. Das „spirituelle" Aushängeschild Doornkaat gehört nun Berentzen und hat Norden verlassen. **C 4** NOR ●

Neuruppin (seit 1994 **OPR**, BBG). Im Ruppiner Land erhielt Neuruppin erst nach Verlust des eigenen Kreises den Zusatz „Fontanestadt" (Geburtsort des Dichters). Trotz Großbrand 1787 hübscher hist. Stadtkern. **H 6** NP ●

Neuwied/Rhein (Stadtkreis, 1822 RP). Hugenotten-Stadt am Rhein im Norden von Rheinland-Pfalz. Hier gründete Wilhelm Raiffeisen am 26. Juni 1877 den „Deutschen Raiffeisenverband". **C 11** NR

Neuwied/Rhein (1816 RP). Zwischen Koblenz und Bonn. Naturpark Rhein-Westerwald. Die frühe Besiedlung endete verhängnisvoll: Altsteinzeitliche Siedler wurden durch den gewaltigen Ausbruch des Vulkans bei Maria-Laach unter Bimsstein konserviert. **C 11** NR

Neustadt am Rübenberg (seit 1974 **H**, NdS). Nordöstlich vom Steinhuder Meer und Totem Moor im weitgefassten Speckgürtel von Hannover. **E 6** NRÜ ☆

Nürtingen (seit 1973 **ES**, BW). Im Südwesten von Stuttgart an den Ausläufern der Schwäbischen Alb, vom Neckar durchflossen. **E 14** NT ●

Neu-Ulm (1972 Bay). Bayerisches Pendant am rechten Donauufer zur – wieder an Württemberg abgetretenen – Stadt Ulm. Moderne Bauten, Industrie und Verkehrswege, früher ein US-Stützpunkt. **F 15** NU

Nordvorpommern (seit 2012 **VR**, MV). Von Landwirtschaft, Tourismus und Industrie geprägt. Der Nationalpark Fischland-Darß-Zingst gehörte zum Kreis, ebenso viel Küste entlang der Ostsee. Im Nordosten die neue Kreisstadt Stralsund umgebend. **I 3** NVP ●

Neustadt/Weinstraße (Stadtkreis, 1970 RP). Mitten in der Pfalz (Pfälzer Wald). Die Stadt bietet neun romantische Weindörfer und im Zentrum eine historische Altstadt. Zahlreiche volkstümliche Weinfeste. **D 13** NW

NWM **Nordwestmecklenburg** (seit 2011 Teil des erweiterten Landkreises Nordwestmecklenburg, MV). Der Kreissitz Grevesmühlen war landwirtschaftliches Zentrum im Westen von Wismar, dem heutigen Kreissitz. **G 4**

NY ○ **Niesky** (seit 2008 **GR**, Sa). Vor Bildung des Niederschlesischen Oberlausitzkreises gleiches Gebiet ohne den Kreis Weißwasser und Teile von Görlitz-Land. **J 9**

NZ ○ **Neustrelitz** (ab 1994 **MST**, MV). Landschaftsprägend sind viel Wald und Wasser inmitten der Mecklenburgischen Seenplatte um die frühere Residenzstadt Neustrelitz (in der Umgebung der Stadt fast 30 Seen). **I 5**

OA **Oberallgäu** (Sitz in Sonthofen, 1972 Bay). Kreis mit den südlichsten Ausläufern von Deutschland, nahe Kempten und Oberstdorf. Sagenhafte Kulisse der „Milka-Berge" der Allgäuer Alpen. Mit Hochfrottspitze (2649 m) und der pittoresken Breitachklamm. **F 17**

OAL **Ostallgäu** (Sitz in Marktoberdorf, 1972 Bay). Allgäuer Vorland unterhalb des Lechtals (Österreich) und des Ammergebirges. Nicht historisch, aber historistisch gelungen ist das bizarre Schloss Neuschwanstein untrennbar mit dem Märchenkönig Ludwig II. verbunden und heute weltberühmte Touristenattraktion. **F 16**

OB **Oberhausen** (Stadtkreis, 1975 NRW). Die ehemalige Bergbaustadt hat sich zu einer Industrie- und Dienstleistungsmetropole (Filmfestspiele) entwickelt. **B 8/9**

OBB ○ **Obernburg a. Main** (seit 1974 **MIL**, Bay). Die unterfränk. Kleinstadt ist „Römerstadt", denn vor 2000 Jahren gab's hier ein römisches Kastell und Benefiziarstation, heute ein Römermuseum und -spaziergang. **E 12**

OBG ○ **Osterburg** (seit 1994 **SDL**, SaAn). Kreisgebiet im Norden von Stendal in der nördlichen Altmark am linken Elbufer um die „Spargelstadt" Osterburg. **G 6**

OC ○ **Oschersleben** (seit 1996 **BK**, SaAn). Von der Landwirtschaft geprägter Kreis in der Magdeburger Börde mit Rübenzuckervergangenheit und Motorsport-Arena-Gegenwart (u.a. für die DTM). **G 7**

Ochsenfurt (seit 1974 **WÜ**, Bay). Unterfränk. Kreis im südlichen Maindreieck mit extensivem Zuckerrübenanbau (Südzucker AG Fabrik n Ochsenfurt). **F 12** — OCH ●

Stormarn (Sitz in Bad Oldesloe, 1867 SH). Zwischen Hamburg und Lübeck, als preußischer Kreis nach der Annexion von Dänemark 1867 gebildet. Berühmt als Verlagsort und durch das Schloss Reinbek. Er gehört zur Metropolregion Hamburg. **F 4** — OD

Olpe (1817 NRW). Sauerländische Fachwerkstadt, bekannt durch den Autobahnknoten A 4/A 45. Sehenswert: Biggesee (Stausee), Attendorner Tropfsteinhöhle. **C 9** — OE

Öhringen (seit 1973 **KÜN**, BW). Von der Hohenloher Ebene bis zu den Waldenburger Bergen, um die ehemalige Residenzstadt und Oberamtsstadt Öhringen. Etwa 25 km östlich von Heilbronn gelegen. **E 13** — ÖHR ●

Offenbach am Main (Stadtkreis 1938 He). Moderne Wohn- und Industriestadt im Zentrum von Rhein-Main. Ein beliebter Anlaufpunkt ist die Lederwarenmesse. Lithografie und Steindruck wurden hier entwickelt. **D 11** — OF

Offenbach am Main (1938 He). Mit Orten wie Dreieich, Langen, Dietzenbach, Neu-Isenburg Schloss etc. entwickelten sich hier typische Wohnvorstädte. **D 11** — OF

Ortenaukreis (Sitz in Offenburg, 1973 BW). Reizvoll sich vom Rhein zum Schwarzwald ziehend, von Flusstälern durchschnitten, mit dem Namen der Burg Ortenau am Taleingang der Kinzig. Schöne Städte: Zell am Harmersbach, Hausach, Gengenbach, Wolfach, Lahr. **CD 14** — OG

Ostholstein (Sitz in Eutin, 1970 SH). Bekannt duch die Lübecker Bucht und die Holsteinische Schweiz. Von der Ostseeinsel Fehmarn und Puttgarden fahren Fähren der „Vogelfluglinie" nach Dänemark. **F 3** — OH

Osterode/Harz (1945 NdS). Anteile am Naturpark Harz; Berge, Bäche, Täler und Stauseen (historisches Stadtbild Osterode); Urlaubs- und Gewerbegebiet, seit 2016 mit dem Landkreis Göttingen unter dessen Namensgebung fusioniert. **F 8** — OHA

OHV **Oberhavel** (Sitz in Oranienburg, 1993 BBG). Bindeglied zwischen Berlin und Mecklenburg, erstreckt sich vom nördlichen Umland Berlins bis ins Ruppiner Land im Norden. Die Kreisstadt wurde nach Luise Henriette von Oranien (1665, zuvor Bötzow) benannt und liegt am Oder-Havel-Kanal. **I 6**

OHZ **Osterholz** (Sitz in Osterholz-Scharmbeck, 1939 NdS). Kreisgebiet nördlich von Bremen. Hammeniederung, Wald Geest, Teufelsmoor. Vielfältige (Rad-)Wandermöglichkeiten; norddeutsches Vogelmuseum. **D 5**

OK ● **Ohrekreis** (seit 2007 **BK**, SaAn). Benannt nach dem den Kreis durchkreuzenden Fluss Ohre, von der Magdeburger Börde bis zur Colbitz-Letzlinger Heide reichend. Verwaltungssitz war Haldensleben. **G 7**

OL **Oldenburg** (kreisfreie Stadt, NdS). Bis 1937 Zentrum des selbstständigen Landes Oldenburg, heute Dienstleistungszentrum zwischen Weser und Ems. Großherzogliches Schloss mit Schlossgarten, Museen, Theater und viel Stadtgrün. Die heutige Universitätsstadt war ehemals Residenzstadt und Hauptstadt der Grafschaft, des Herzogtums, des Großherzogtums, des Freistaates und des Landes Oldenburg. **D 5**

OL **Oldenburg** (1977 NdS). Der Landkreis Oldenburg liegt zwischen Oldenburg, Delmenhorst/Bremen und Oldenburger Münsterland im Regierungsbezirk Weser-Ems. Kreissitz ist seit 1988 die Stadt Wildeshausen. **D 5**

OLD ☆ **Oldenburg** (seit 1970 **OH**, SH). Mit Anteilen an der Lübecker Bucht und Holsteinischen Schweiz. Zum Kreis im Norden Lübecks gehörten die Insel Fehmarn sowie die Seebäder Heiligenhafen und Neustadt (Holstein). **F 3**

OP ● **Opladen** (seit 1975 GL, NRW). An den Ausläufern des Bergischen Landes, kurz vor der Mündung der Wupper in den Rhein. Die Geschichte der Opladener Brücke (Holz, Steinbogen, Stahlbeton) samt Nepomukfigur zeugt von der Bedeutung des Übergangs (von der Via Publica bis zur B 8) seit dem 14. Jh. In der Neuzeit von Leverkusen in den Schatten gestellt und von der neuen Agglomeration eingemeindet. **B 9**

Ostprignitz-Ruppin (Sitz in Neuruppin, 1993 BBG). Flächenkreis um Neuruppin, Wittstock und Kyritz. Staatlich anerkannte Erholungsorte: Rheinsberg und Lindow/Mark. Stadt der Pferde: Neustadt/Dosse. **H 6** OPR

Oranienburg (seit 1994 **OHV**, BBG). Louise Henriette von Oranien war Namensgeberin von Schloss, Ort, später dem Kreis. Die wirtschaftliche Karriere reicht vom Aufschwung (Bau des Oder-Havel-Kanals), Kaltwalzwerk (von Krupp verkauft) über die dunkle Vergangenheit (III. Reich) bis zur modernen Gegenwart (Nycomed). **I 6** OR ☆

Osnabrück (Stadtkreis, 1972 NdS). Auch hier gab's Verhandlungen zum Westfälischen Frieden 1648. Heute moderne, kulturell attraktive Universitätsstadt. **D 7** OS

Osnabrück (1972 NdS). Weitläufiger Kreis von Quakenbrück bis Bad Laer, vom Emsland bis zum Wiehengebirge. Viele Burgen und Schlösser, Wassersport (Alfsee) und Dinosaurier-Spuren bieten eine Vielzahl von Wander- und Freizeitbeschäftigungen. **D 7** OS

Oberspreewald-Lausitz (Sitz in Senftenberg, 1993 BBG). Der heute weitgehend gerodete Oberspreewald wird nun überwiegend als Dauergrünland sowie für Obst- und Gemüsebau genutzt. **IJ 8** OSL

Land Hadeln (seit 1978 **CUX**, NdS). Südlich der Elbmündung und im Osten Cuxhavens um die Kreisstadt Otterndorf, einem Nordseebad mit viel Fachwerk. **DE 4** OTT ☆

Ottweiler (seit 1974 **NK**, Saar). Einst Grafschaft Ottweiler, dann Teil der preußischen Rheinprovinz, kam nach dem I. Weltkrieg zum Saargebiet und ist heute in LK Neunkirchen umbenannt mit der Kreisstadt Ottweiler. **C 13** OTW ☆

Oberviechtach (seit 1974 **SAD**, Bay). In der Oberpfalz einer der kleinsten und ärmsten Landkreise Bayerns trotz Goldbergbau-Vergangenheit. **H 13** OVI ●

Obervogtland (seit 1996 **V**, Sa). Kurze Zeit führten die Landkreise Klingenthal und Oelsnitz das gemeinsame Kennzeichen OVL, was Obervogtland entspricht, heute sind beide u.a. im Vogtlandkreis vereint. **H 11** OVL ●

OVP ☆ **Ostvorpommern** (seit 2012 VG, **MV**). An der Ostsee mit dem Urlaubszentrum Insel Usedom, Achterwasser, dem Stettiner Haff sowie der Hansestadt Anklam an der Peene als Verwaltungssitz. Trotz Eingliederung in den Landkreis Vorpommern-Greifswald wird das Kennzeichen OVP des „Altkreises" mit Ausnahme der Stadt Greifswald weiter vergeben. **I 4**

OZ ○ **Oschatz** (seit 1994 **TDO**, Sa). Landkreis im Osten von Leipzig. Oschatz, „die Stadt im Herzen von Sachsen, hat einen der schönsten Marktplätze Sachsens. **H 9**

P **Potsdam** (Stadtkreis, 1993 BBG). Hauptstadt Brandenburgs an der Havel und weltberühmt durch das hohenzollernsche Schloss Sanssouci von Friedrich dem Großen. In der ehemaligen Residenzstadt Preußens sehr schöne Altstadt (Holländer Viertel, Russische Kolonie Alexandrowka und Weberviertel) und vielen, teils historischen Parkanlagen. **HI 7**

PA **Passau** (Stadtkreis, 1972 Bay). Dreiflüssestadt an Donau, Inn und Ilz (schöne Rundfahrten). Hier befindet sich die größte Kirchenorgel der Welt mit 17.388 Pfeifen im St.-Stephans-Dom, großartige Barockbauten. **I 14**

PA **Passau** (1972 Bay). Weiträumiger Kreis entlang des Inns und der Donau mit Grenze zu Österreich. Im Norden Ausläufer des Bayerischen Waldes. Die Altstadt ist für ihre barocken Gebäude bekannt. **I 14**

PAF **Pfaffenhofen a.d. Ilm** (1939 Bay). Kreisgebiet im nördlichen Oberbayern zwischen Ingolstadt und dem Raum München. Ein Teil des Kreises liegt im weltweit größten Hopfenanbaugebiet, in der „Hallertau". **G 14**

PAN **Rottal-Inn** (Sitz in Pfarrkirchen, 1938 Bay). Zwischen den Landkreisen Passau und Altötting bis zum Inn reichend. Bäuerliches Kulturland mit Bäderdreieck (Birnbach) und „Europäischem Vogelreservat Inn". **H 15**

PAR ○ **Parsberg** (seit 1974 **NM**, Bay). Im Oberpfälzer Jura mit dem Donau-Zufluss Schwarze Laber. Markant in der Kreisstadt: die Burg der Herren von Parsberg, heilsam: das Fachkrankenhaus für Tuberkulosebehandlung. **G 13**

PB

Paderborn (1975 NRW). Schnittpunkt wichtiger Handelswege (Hellweg-Linie), eingerahmt von Teutoburger Wald und Sauerland. Schloss Wewelsburg und Schloss Neuhaus bezeugen die ehemals kirchliche Herrschaft. Bekannt auch durch Karl den Großen, der zu Karolinger Zeiten hier eine Kaiserpfalz hatte. **D 8**

PCH

Parchim (seit 2011 Teil des Landkreises Ludwigslust-Parchim, MV). Bereits 1179 urkundlich erwähnte Altstadt (gut erhaltenes Rathaus am Schuhmark). **G 5**

PE

Peine (1974 NdS). Die Stadt liegt zwischen Hannover und Braunschweig an der A 2. Ehemalige „Ackerbürgerstadt", die 1223 von Günzelin von Wolfenbüttel gegründet wurde (Bronzestatue des Stadtgründers in der Fußgängerzone). Heute gibt Peine als „stahlhart" (bedeutender Standort der Stahlindustrie) und „bittersüß" (Süßwarenproduzent Rausch, Schokoladenmuseum). **F 7**

PEG ○

Pegnitz (seit 1974 **BT**, Bay). Oberfränk. Kreis am Ostrand der Fränkischen Schweiz. Liebenswert in der Kreisstadt, in der der gleichnamige Fluss entspringt: das Denkmal eines Schweinehirten samt dreier Schweine. **G 12**

PER ☆

Perleberg (seit 1994 **PR**, BBG). Vorwiegend flachhügelige Weidelandschaft rechts der Elbe mit extensiver Landwirtschaft, bekannteste Gewerbeansiedlung war Singer (Nähmaschinen, ab 1904) in Wittenberge. **G 5**

PF

Pforzheim (Stadtkreis, 1973 BW). Die „Goldstadt" war ehemals badischer Vorposten und Residenz. Heute moderne Stadt, seit dem 18. Jh. bekannt durch Schmuckhandwerk (etwa drei Viertel der gesamten deutschen Produktion, auch Uhren) und Bildungsstätten. **D 14**

PF

Enzkreis (Sitz Pforzheim, 1973 BW). Kleiner, dicht besiedelter Kreis um Pforzheim. Abgelegen, eindrucksvoll: die ehemalige Klosteranlage in Maulbronn. **D 14**

PI

Pinneberg (1867 SH). Landkreis an der Unterelbe mit den nordwestlichen schleswig-holsteinischen Vororten Hamburgs. Seit 1932 mit dem „Inselkreis Helgoland" vereinigt. Berühmte Bauten in den Kleinstädten. **E 4**

PIR **Sächsische Schweiz – Osterzgebirge** (Sitz in Pirna, 2008 Sa). Der Landkreis vereinigt das Elbsandsteingebirge im Süden Dresdens und Teile des Osterzgebirges an der tschechischen Grenze mit dem bergmännischen Brauchtum des „deutschen Weihnachtslandes" Erzgebirge. In Pirna und Dippoldiswalde im Tal der Roten Weißeritz sehenswerter hist. Stadtkern. Sehr schön: Bad Schandau und die „Bastei" (Aussichtsfelsen). **I 10**

PK ☆ **Pritzwalk** (seit 1994 **PR**, BBG). In Pritzwalk begann der Aufstieg einer der schillerndsten und berüchtigtsten Industriellendynastien Deutschlands: mit Emil Quandts Tuchfabrik (Ende 19. Jh.) und ihrer Uniformenproduktion. Zwei Weltkriege sorgten für rasante Expansion. Fruchtig-friedlicher ist die alle zwei Jahre stattfindende Wahl zur Pritzwalker Heidelbeerkönigin. **H 5**

PL ○ **Plauen** (seit 2009 **V**, Sa). Der Landkreis im Vogtland umschloss kragenförmig die kreisfreie Stadt Plauen. Heute sind beide im Vogtlandkreis vereint. **GH 10**

PLÖ **Plön** (1867 SH). Stadt im Herzen des hügeligen Naturparks Holsteinische Schweiz bei Kiel, direkt am Plöner See, dem größten Binnensee Schleswig-Holsteins. **F 3**

PM **Potsdam-Mittelmark** (Sitz in Belzig, 2003 BBG). Südwestlich Berlins Deutschlands drittgrößter Landkreis um die Landeshauptstadt Potsdam. **H 7**

PN ○ **Pößneck** (seit 1995 **SOK**, Th). Die „alte Tuchmacherstadt" im Süden von Jena verdankte ihr Wachstum auch dem Gerberhandwerk und Porzellan, so dass Goethe, als sich dieser hier in Flanell hüllen ließ, sie als „nahrhafte Stadt" titulierte, und dies weit früher, als die Berggold Chocolatiers ihren Ruf versüßten. **G 10**

PR **Prignitz** (Sitz in Perleberg, 1993 BBG). Landkreis nordwestlich Brandenburgs, am Zusammenfluss von Havel und Elbe, dort Wittenberge als Umschlagshafen. **G 5**

PRÜ ○ **Prüm** (seit 1970 **BIT**, RP). In der Westeifel um den Luftkurort Prüm, wo aus der „weniger gesunden" Vergangenheit noch ein Explosionskrater aus dem II. Weltkrieg samt Bergkapelle das Kuridyll kontrastiert. **B 11**

Pirmasens (Stadtkreis, 1972 RP). Die Stadt der Schuhe (besonders im 19. Jh. war sie das Zentrum der deutschen Schuhindustrie, heute Schuh- und Schuhmaschinenmuseen vor Ort) und kräftigen Höhenunterschiede liegt etwas abgelegen von Verkehrswegen am Südwestrand des Pfälzer Walds. Etwas in Vergessenheit geraten: der früher besonders in der Regionalliga Südwest erfolgreiche Fußballclub FK Pirmasens. **C 13** PS

Pirmasens (1972 RP). Talschaften und kleine Orte in der Südwestpfalz, die alle zur geselligen Rast von den langen Wanderungen einladen. Tradition haben hier die guten Beziehungen zu Frankreich. **C 13** PS

Pasewalk (ab 1994 **UER**, MV). Im Westen der Ueckermünder Heide bis zur polnischen Grenze mit viel Uckermarker und ein wenig pommerscher Tradition. **IJ 4** PW ○

Prenzlau (seit 1994 **UM**, BBG). Uckermarker Kernland mit den Uckermärkischen Seen und Prenzlau mit seinem stimmungsvollen hist. Ensemble durch mittelalterliche Wehranlagen und Kirchen, z.B. Marienkirche. **I 5** PZ ○

Querfurt (seit 1994 **SK**, SaAn). Kreisgebiet im südöstlichen Harzvorland im Westen von Halle. **G 9** QFT ○

Quedlinburg (seit 2007 **HZ**, SaAn). Mit Anteilen am nordöstlichen Harz und dem Fluss Bode. In Quedlinburg malerisches Stadtbild um Schlossberg, Stiftskirche, mit viel Fachwerk und verwinkelten Gassen. **G 8** QLB ○

Regensburg (Stadtkreis, 1972 Bay). Am nördlichsten Punkt der Donau die Hauptstadt der Oberpfalz mit den reizvollen Donauinseln Untere und Obere Wöhrd. Besterhaltene mittelalterliche Großstadt im Land mit Zeugnissen aus zwei Jahrtausenden (gehört samt dem Stadtteil Stadtamhof zum UNESCO-Welterbe). Ein wichtiges Wahrzeichen ist der gotische Dom aus dem 13. Jh. mit seinen Zwillingstürmen. **H 13** R

Regensburg (1972 Bay). Vom vorderen Bayerischen Wald über das Donautal bis zum Jura reichend. Berühmt ist die „Walhalla" über der Donau. Zahlreiche (Rad-) Wanderwege und beliebtes Naherholungsgebiet. **H 13** R

RA **Rastatt** (1973 BW). Berühmt das Barockschloss der Markgrafen von Baden-Baden in der Kreisstadt im Südwesten Karlsruhes, das von Ludwig Wilhelm I. („Türkenlouis"), im 17. Jh. zunächst als Jagdschloss in Auftrag gegeben wurde. Landschaftsprägend: das Rheintal um Baden-Baden. **D 14**

RC ⭘ **Reichenbach** (seit 1996 **V**, Sa). Im Norden des Vogtlandes um die Kleinstadt Reichenbach, bekannt für seine Tuchmachertradition und dank August Horch dem ersten sächsischen Automobil (Horch Tonneau). **G 10**

RD **Rendsburg-Eckernförde** (Sitz in Rendsburg, 1970 SH). Einer der großflächigsten Kreise in Deutschland und bekannt durch den Nord-Ostsee-Kanal. **E 3**

RDG ⭘ **Ribnitz-Damgarten** (ab 1994 **NVP**, MV). An der Grenze Mecklenburgs zu Pommern mit 60 Kilometer Ostseeküste, der Halbinselkette Fischland-Darß-Zingst, Boddengewässern. Den Namen „Bernsteinstadt" erhielt Ribnitz-Damgarten erst nach Auflösung des Kreises. **H 3**

RE **Recklinghausen** (Zulassungsstelle Marl, 1975 NRW). Bevölkerungsreichster Kreis Deutschlands. Grüne Lunge des Ruhrgebietes, überregional bekannt sind die Recklinghauser Ruhrfestspiele; Verbindung des Kohlereviers (kaum noch Zechen) zum Münsterland. **C 8**

REG **Regen** (1972 Bay). Nicht wegen des Klimas, sondern der Flüsse des Regens so benannt. Großer Arber (1.457 m) „Spitze" des Bayerischen Walds; mit Bayerisch Eisenstein. Touristische Präsentation: ArberLand **I 14**

REH ⭘ **Rehau** (seit 1974 **HO**, Bay). Oberfränkischer Kreis an der tschechischen Grenze mit den hügeligen Ausläufern des Fichtelgebirges im Süden. Im Landesentwicklungsprogramm Bayern als Mittelzentrum ausgewiesen. **GH 11**

REI ⭘ **Bad Reichenhall** (seit 1979 **BGL**, Bay). Vor den Toren Salzburgs befinden sich stattliche Solevorkommen und eine intensive Salzverarbeitung. Außer dem Titel eines „Königlich Bayerischen Staatsbads" sind weitbekannte Klassiker: Reichenhaller Markensalz und die bayerische kugelsüße Variante: Echte Reber-Mozartkugeln. **H 16**

Riesa-Großenhain (seit 2008 **MEI**, Sa). Im Nordosten von Sachsen Beispiel für den Strukturwandel von Industrie (Stahl) zu diversifizierten Mittelstandsbetrieben. **I 9** RG ⭘

Roth (1972 Bay). Kreis im Süden Nürnbergs im Fränkischen Seenland am Main-Donau-Kanal und Rothsee mit fachwerkreicher Altstadt und Schloss Ratibor. **G 13** RH

Rinteln (seit 1978 **SHG**, NdS). Landschaftsprägend sind das Weserbergland und Rintelner Becken. In Rinteln um den Marktplatz sehenswerte Fachwerkhäuser. **E 7** RI ⭘

Riedenburg (seit 1974 **KEH**, Bay). Im niederbayerischen Altmühltal mit malerischen Burgen (Prunn, Schloss Rosenberg) und Ruinen (Rabenstein, Tachenstein). **G 14** RID ⭘

Riesa (seit 1994 **MEI**, Sa). Viel Stahl- (Riesa, Gröditz) und Chemische Industrie (Nünchritz) bestimmten zu Zeiten der DDR den Kreis linkerhand der Elbe. **I 9** RIE ⭘

Rochlitz (seit 1994 **FG**, Sa). Mittelsächsisches Hügelland mit der Zwickauer Mulde und am Rochlitzer Berg (höchste Erhebung im Kreis, 348 m) Abbau von Porphyr. **H 9** RL ⭘

Röbel/Müritz (ab 1994 **MÜR**, MV). Inmitten der flachen Mecklenburgischen Seenplatte, bis zur Müritz, dem Plauer See und dem Kölpinsee reichend. In Röbel auffallend: viel Fachwerk mit kräftig bunten Popart-Farbfassaden. **H 5** RM ⭘

Rathenow (seit 1994 **HVL**, BBG). Im westlichen Havelland ist Rathenow seit über 100 Jahren bekannt für seine optische Industrie (Mikroskopbau) und das Zukunftsprojekt der Renaturierung der Unteren Havel. **H 6** RN ⭘

Rosenheim (Stadtkreis, 1972 Bay). Oberzentrum der Region. Straßen- und Eisenbahnknotenpunkt im Alpenvorland; „Tor zum Süden". Fachhochschul- und Einkaufsstadt mit gut erhaltenen Gründerzeitfassaden. **H 16** RO

Rosenheim (1972 Bay). Gebietsteile am Inn und im Voralpenland: Reicht vom Mangfallgebirge, dem großen Inntal-Grenzübergang, Kiefersfelden-Kufstein über Bad Aibling bis an den Chiemsee mit Prien. **H 16** RO

Die Koordinaten im Text beziehen sich auf die Karte Seite 108.

ROD ○ **Roding** (seit 1974 **CHA**, Bay). Oberpfälzer Kreis im Norden des Bayerischen Waldes am Fluss Regen, kirchen- und kapellenreiche Region, u.a. mit dem Kloster Strahlfeld St. Dominikus der Missionsdominikanerinnen. **H 13**

ROF ○ **Rotenburg an der Fulda** (seit 1972 **HEF**, He). Im Nordosten von Hessen, in der Kreisstadt hatte bis zum 19. Jh. die Leineweberei Tradition. **E 10**

ROH ☆ **Rotenburg/Wümme** (seit 1972 **ROW**, NdS). Im Norden Niedersachsens mit vielen Geestgebieten (z.B. Zevener Geest) und Hochmoorgebieten (z.B. Bauern-, Ekel- und Teufelsmoor), so sind neben der Nahrungsmittelindustrie hier viele Biogasanlagen vertreten. **E 5**

ROK ○ **Rockenhausen** (seit 1969 **KIB**, RP). Kleiner Landkreis zwischen Kaiserslautern und Bad Kreuznach, so klein, dass Joy Fleming rüber nach „Mannem" machte. **C 12**

ROL ○ **Rottenburg a.d. Laaber** (seit 1974 **LA**, Bay). Viel Landwirtschaft im und um das Tal der kleinen Laaber prägten den niederbayer. Kreis im Norden Landshuts. **H 14**

ROS ○ **Rostock Land** (ab 1994 **DBR**, MV). Umland des Stadtkreises Rostock von der Ostseeküste mit dem Ostseebad Graal-Müritz, Küstenwald über die Gelbsanderheide bis ins nordmecklenburgische Tiefland. **H 3**

ROT ○ **Rothenburg o.d. Tauber** (seit 1974 **AN**, Bay). Mittelfränkischer Kreis mit Anteil an der Tauber und dem Naturpark Frankenhöhe. Die Stadt Rothenburg, Verwaltungssitz des Landkreises, war fast die ganze Zeit kreisfrei. Sie ist heute wegen ihrer prächtig erhaltenen mittelalterlichen Altstadt weltbekannte Touristenattraktion und gern verwendete Filmkulisse. **F 13**

ROW **Rotenburg/Wümme** (1977 NdS). Großflächiger Kreis zwischen Bremervörde und Visselhövede, Hamburg und Bremen. Gekreuzt von starken Verkehrsachsen. **E 5**

RP **Rhein-Pfalz-Kreis** (LK, Sitz in der kreisfreien Stadt Ludwigshafen, 1969 RP). Direktes Umland von Ludwigshafen am linken Rheinufer, dank Rettich und Tabak auch als „Gemüsegarten Deutschlands" bekannt. **D 12/13**

Remscheid (Stadtkreis, 1975 NRW). Altindustrielles Gebiet im Bergischen Land (Wasserkraft, Holz und Eisenerz). In Remscheid befinden sich das Deutsche Röntgenmuseum und das Werkzeugmuseum. **C 9** RS

Roßlau (ab 1994 **AZE**, seit 2007 **ABI/DE**, SaAn). Kreisgebiet nördlich Dessaus und im Süden des Hohen Flämings, das sich rechterhand der Elbe erstreckte. **H 8** RSL ⭘

Reutlingen (1934 BW). Jüngst sprunghaft gewachsene Stadt und Region südlich Stuttgarts zwischen Schwäbischer Alb (mit Münsingen, Naturreservat Beutenlay, Lautertal etc.) und dem Mittleren Neckar. **E 14** RT

Rudolstadt (seit 1995 **SLF**, Th). Um die ehem. fürstliche Residenz Rudolstadt, an der Saale, mit Anteilen am Thüringer Schiefergebirge und Hinteren Heide. **G 10** RU ⭘

Rheingau-Taunus-Kreis (Sitz in Bad Schwalbach, 1977 He). Auf der Nordseite des Rheins, aber auf der Südseite des Taunus. Sonniger Rheingau. Empfehlenswerte Sightseeing-Städte sind Rüdesheim und Eltville. **D 11** RÜD

Rügen (seit 2012 **VR**, MV). Deutschlands größte Insel vor der pommerschen Ostseeküste bietet Naturschönheiten en masse, Badeorte, den „Rasenden Roland" und (noch!) berühmten Kreidefelsen. **I 3** RÜG ⭘

Rheydt (seit 1975 **MG**, NRW). Seit der Eingemeindung zu Mönchengladbach ist der Landkreis Rheydt Geschichte, ebenso wie Hennes Weisweiler als Trainer beim „Spö", dem Rheydter Spielverein, längst Legende ist. **B 9** RY ✩

Ravensburg (1938 BW). Im Zentrum Oberschwabens. Sehenswert: die stolzen Reichsstädte Ravensburg (das „schwäbische Nürnberg") und Wangen mit oberschwäbischer Barockstraße. **E 16** RV

Rottweil (1973 BW). Die älteste Stadt Baden-Württembergs wurde bereits 73 n. Chr. durch die Römer am Neckar gegründet und ist bekannt durch ihre folkloristische „Fasnet" und den „Rottweiler Hund". Rottweil ist seit dem 1. Juni 1970 eine Große Kreisstadt. **D 15** RW

RZ **Herzogtum Lauenburg** (Sitz in Ratzeburg, 1876 SH). Hier hat man sich den Namen ertrotzt, wenn schon die Herrschaft unterging. Schön: Ratzeburg, Mölln **F 4**

S **Stuttgart** (Stadtkreis, 1973 BW). Die Landeshauptstadt Baden-Württembergs am Neckar ist Kulturzentrum, Exportmetropole und heimliche „Sport"-Hauptstadt der Republik. Talkessel mit vielen Grünflächen wie der Rosensteinpark und der Schlossgarten und Anhöhen, dadurch fünftgrößte Weinbaugemeinde Deutschlands. **E 14**

SAB ⭘ **Saarburg** (seit 1969 **TR**, RP). Mit der Saar und Anteil am Naturpark Saar-Hunsrück um die Saarweinmetropole Saarburg (Saarwein kommt aus Rheinland-Pfalz). **B 12**

SAD **Schwandorf** (1972 Bay). Kerngebiet in der Oberpfalz, reicht von Burglengenfeld bis Weiden und tschechische Grenze. Industrie und Landwirtschaft. Hat eine über 1000-jährige Geschichte. **H 13**

SÄK ☆ **Säckingen** (seit 1973 **WT**, BW). Zwischen Hochrhein und Hotzenwald. Die Trompeterstadt Säckingen wurde berühmt dank Scheffels Versepos „Der Trompeter von Säckingen" (Behüt' dich Gott), das auch vertont (gleichnamige Oper) und verfilmt wurde. **CD 16**

SAN ⭘ **Stadtsteinach** (seit 1974 **KU**, Bay). Oberfränkischer Kreis im Norden Bayreuths, vom Frankenwald im Norden und Fichtelgebirge im Osten eingerahmt. **G 11**

SAW **Altmarkkreis Salzwedel** (Sitz in Salzwedel, 1994 SaAn). Die westliche Altmark, Teil der Norddeutschen Tiefebene, und ein Teil der Colbiz-Letzlinger Heide gehören zum Kreisgebiet. Sehenswert in Salzwedel: Fachwerkbauten und Kirchen. **G 6**

SB **Saarbrücken** (Stadt und Stadtverband außer Völklingen, 1974 Saar). Die Landeshauptstadt hat eine interessante Verbindung von moderner und klassischer Urbanität. Im Dreiländereck Dtl./Frankr./Luxemb. **BC 13**

SBG ⭘ **Strasburg** (ab 1994 **UER**, MV). Strasburg ist eine der ältesten Städte der Uckermark und „jung", denn hier findet das deutsch-polnische Jugendfestival statt. **I 4**

Schönebeck (seit 2007 **SLK**, SaAn). Einst industriestarke Region im Bezirk Magdeburg (insbesondere Landmaschinenbau im früheren Traktorenwerk), heute sind im kleineren Umfang Spezialfahrzeugbau und Automobilzulieferer vertreten. **G 7** SBK ⭘

Schwabach (Stadtkreis, 1972 Bay). Historische Stadt südlich Nürnbergs, war bereits im Jahr 800 Königshof. Preisgekrönte Stadtsanierung (Europa-Nostra-Medaille 1979). **FG 13** SC

Schleiz (seit 1995 **SOK**, Th). Im thür. Teil des Vogtlandes, hügelreich, aber auch mit Seen, Teichen und Tälern, wie das der Saale, die den Kreis durchquerte. **G 10** SCZ ⭘

Sondershausen (seit 1995 **KYF**, Th). Mit herausragender Musiktradition (Thüringer Schlossfestspiele, Loh-Orchester, Residenzfest) und Bergbauvergangenheit (weltweit ältestes heute noch befahrbares Kalibergwerk). **F 9** SDH ⭘

Stendal (1952 SaAn). Die Stadt der Backsteingotik. Zum historischen Stadtensemble gehören am Marktplatz das Rathaus, die Marienkirche, eine reckenhafte Rolandfigur sowie der Dom St. Nikolaus und das Uenglinger Tor. Wirtschaftliches u. kulturelles Zentrum der Altmark. **G 6** SDL

Schwedt/Oder (seit 1994 **UM**, BBG). Die seenreiche Landschaft der Uckermark, Grenze zu Polen sowie ökonomisch die PCK Raffinerie GmbH (Erdölindustrie) dominierten den Kreis zwischen Oder und Havel. **J 5** SDT ⭘

Segeberg (Sitz in Bad Segeberg, 1970 SH). Durch die landschaftlichen Vorzüge Holsteins und die Karl-May-Festspiele in Bad Segeberg bekannt. **F 3/4** SE

Sebnitz (seit 1994 **PIR**, Sa). Nur noch marginal wird in der Stadt der Kunstblumen „geblümelt", doch nach 1900 war es hier an der tschechischen Grenze eine Tradition mit ca. 200 Blumen„fabriken" und viel Heimarbeit. **J 9** SEB ⭘

Seelow (seit 1994 **MOL**, BBG). Brachial – hier fand am Ende des II. Weltkriegs die verlustreiche Schlacht um die Seelower Höhen statt – und kulinarisch – von hier stammte der Blauschimmelkäse „Blue Master". **J 6** SEE ⭘

SEF ⭘ **Scheinfeld** (seit 1974 **NEA**, Bay). Mittelfränkischer Kreis mit Anteilen am Naturpark Steigerwald. **F 12**

SEL ⭘ **Selb** (seit 1974 **WUN**, Bay). Im Nordosten des Fichtelgebirges ist Selb der dt. Porzellanklassiker, wo sich ein Porzellanikon dem „weißen Gold" widmet und Rosenthal, Hutschenreuther und Co. vertreten sind. **H 11**

SF ☆ **Sonthofen** (seit 1979 **OA**, Bay). Mit dem Luftkurort Sonthofen, Deutschlands südlichster Stadt, von den Allgäuer Alpen umgeben. Bekannt ist Sonthofens Hausberg, der Grünten, als Sendestation des Bay. Rundfunks. **F 17**

SFA ☆ **Soltau-Fallingbostel** (seit 2011 **HK**, 1977 NdS). Naturpark Lüneburger Heide, Heidemuseum (Schneverdingen). Verkehrsachsen, ehemalige Militärgebiete. **E 5/6**

SFB ⭘ **Senftenberg** (seit 1994 **OSL**, BBG). In der Niederlausitz mit der Schwarzen Elster und der Pulsnitz. **IJ 8**

SFT ⭘ **Staßfurt** (ab 1994 **ASL**, seit 2007 **SLK**, SaAn). In der Kreisstadt Staßfurt widerspiegelt sich die Geschichte des Kalibergbaus, dessen Boom und Krise, Segen und Fluch, inkl. Rekultivierung und Strukturwandel. **G 8**

SG **Solingen** (Stadtkreis, 1975 NRW). Die Stadt der Messer und Klingen hat einen „geschliffenen" Ruf in aller Welt (der Name ist markenrechtlich geschützt). **C 9**

SGH ⭘ **Sangerhausen** (seit 2007 **MSH**, SaAn). Südwestlich vom Harz wirtschaftsschwacher Kreis im Nordosten des Kyffhäusergebirges mit dem Osten der agrarwirtschaftlichen Goldenen Aue. **G 8/9**

SHA **Schwäbisch Hall** (1973 BW). Großer Kreis im östlichen Schwäbischen Wald, der bis an die fränkisch-bayerische Grenze reicht. Sehenswert die historische Altstadt von Schwäbisch Hall („auf diese Steine können Sie bauen"?); in Crailsheim eine Fayencen-Sammlung. **E 13**

SHG **Schaumburg** (Sitz in Stadthagen, 1977 NdS). Geschickt gewählte Abkürzung für Kreis und Stadt. Niedersächsische Kreisstadt am Nordrand des Naturparks „Weserbergland-Schaumburg". **E 7**

Saale-Holzland-Kreis (Sitz in Eisenberg, 1995 Th). Gebiet um das Autobahnkreuz A 4/A 9 nahe der Stadt Jena. Aufstrebender, innovativer Wirtschaftsort. **G 10** — SHK

Suhl (1952 Th). Wichtigste Stadt im südlichen Thüringen (Thüringer Wald) mit Tradition in der Jagd- und Sportwaffenherstellung. Übers Jahr über 300 km markierte Wanderwege, im Winter 120 km Loipen. **F 10** — SHL

Siegen-Wittgenstein (Sitz in Siegen, 1975 NRW). Zwischen Rothaargebirge und Westerwald im Zentrum wichtiger Verkehrswege durchs Siegerland. Altindustrielle Prägung. Alte Beziehung zu Holland. **D 10** — SI

Sigmaringen (1973 BW). Südöstlicher Teil des ehemaligen Hohenzollerschen Landes, mit imposantem Schloss in der Kreisstadt. Reizvolle Naturlandschaften auf der Schwäbischen Alb und im Donautal. **E 15** — SIG

Rhein-Hunsrück-Kreis (Sitz in Simmern, 1969 RP). Vom östlichen Hunsrück bis hinunter zum romantischen Rhein. Zahlreiche Burgen, Verkehrsachsen. **C 11/12** — SIM

Saalekreis (Sitz in Merseburg, 2007 SaAn). Der Saalekreis umschließt die kreisfreie Stadt Halle und vereinigt den ehem. Saalkreis am Unterlauf der thür.-sächsischen Saale und Straße der Romanik mit dem LK Merseburg-Querfurt. Merseburg, im Westen von Leipzig mit Residenzschloss und Dom, ist aufgrund der berühmten „Merseburger Zaubersprüche" (10 Jh., althochdeutsches Sprachzeugnis germanisch-heidnischer Religiosität) in der Bibliothek des Domkapitels allseits bekannt. **G 9** — SK

Schleswig-Flensburg (Sitz in Schleswig, 1974 SH). Grenzregion zu Dänemark; geprägt von der herb-schönen Landschaft entlang der fjordartigen Schlei. **E 2** — SL

Schleiden (seit 1972 **EU**, NRW). Mit Anteilen am Naturpark Eifel und der Urfttalsperre, die zu Zeiten ihres Baus, 1905, für Europas größten Stausee sorgte. **B 10** — SLE ●

Saalfeld-Rudolstadt (Sitz in Saalfeld, 1994 Th). Burgen- und Schlösser-Region („Grünes Herz Deutschlands") zwischen Rennsteig und Saale/Thüringen. **G 10** — SLF

SLG ☆ **Saulgau** (seit 1973 **SIG**, BW). Südwestlich der Schwäbischen Alb im Zentrum Oberschwabens mit der Europäischen Hauptwasserscheide, die die Entwässerung hin zur Donau oder den Rhein teilt. **E 15/16**

SLK **Salzlandkreis** (Sitz in Bernburg, 2007 SaAn). Zwischen Magdeburg und Halle. Schlösser und historische Sehenswürdigkeiten, Freizeitangebote, „Straße der Romanik", Wanderwege. In Staßfurt früher Kalibergbau, heute Soleabbau, in Schönebeck/Bad Salzelmen das Soleheilbad „Dr. Tolberg" (älteste deutsche Badeanstalt). **G 8**

SLN ● **Schmölln** (seit 1995 **ABG**, Th). Von der Textil- und vor allem Knopfindustrie (mit zehn Fabriken), von der im 19. Jh. ca. ein Drittel der Stadtbevölkerung (auch durch Heimarbeit) lebte, ist heute nur noch eine einzige Fabrik erhalten. **H 10**

SLS **Saarlouis** (1974 Saar). Fast schon in Händen Louis XIV., dann doch zu Deutschland gekommen. Im Nordwesten geschlossene Wald- und Kulturlandschaften. Sehenswert: Ruinen der französischen Festung. **B 13**

SLÜ ● **Schlüchtern** (seit 1974 **MKK**, He). Im Bergwinkel südwestlich von Fulda mit Burg Steckelberg, dem Geburtsort von Ulrich von Hutten, dem ersten Reichsritter, der reformationsnah seine Fehde gegen die „ungeistlichen Geistlichen" führte. **E 11**

SLZ ● **Bad Salzungen** (seit 1995 **WAK**, Th). Zwischen Thüringer Wald und Rhön lockt die heilende Wirkung der Sole („Sauerbrunnen") in Bad Salzungen. **F 10**

SM **Schmalkalden-Meiningen** (Sitz in Meiningen, 1952 Th). Unter den deutschen Geschichtsdaten berühmt wegen des „Schmalkaldischen Krieges", der zu den Unruhen der Reformationszeit im 16. Jh. gehörte. **F 10**

SMÜ ☆ **Schwabmünchen** (seit 1974 **A**, Bay). Südlich Augsburgs am Westrand des Lechfeldes bis zur Wertach. **F 15**

SN **Schwerin** (Stadtkreis, 1952 MV). Landeshauptstadt von Mecklenburg-Vorpommern, mit historischer Altstadt, Dom und Schloss. Am Schweriner See gelegen. **G 4**

Sinsheim (seit 1973 **HD**, BW). Im nördlichen Kraichgau, heute (auch SAP sei Dank) mit der Heimstätte der TSG 1899 Hoffenheim. **D 13** SNH ☆

Soest (1975 NRW). Das Kreisgebiet ist als Hellweg-Region zugleich Verkehrsachse zwischen Hamm und Paderborn. Mit Solebädern und Möhnesee. **D 8** SO

Schrobenhausen (seit 1974 **ND**, Bay). Die sandigen Auen um Schrobenhausen sind Spargelland. Bis zum Johannitag, dem 24. Juni, wird der Spargel gestochen, ganzjährig in der Kreisstadt geöffnet: das Europäische Spargelmuseum. **G 14** SOB ○

Sömmerda (1952 Th). Ländlicher Kreis im Norden Erfurts mit der „Computerstadt" Sömmerda. **G 9** SÖM

Schongau (seit 1974 **WM**, Bay). Mit den Klostern Steingaden und Rottenbuch, der Wallfahrtskirche in der Wies (Wieskirche) und dem Wallfahrtsort Hohenpeißenberg gehörte der Kreis zum oberbay. Pfaffenwinkel. **F 16** SOG ○

Soltau (seit 1978 **SFA**, NdS). In der Lüneburger Heide mit Besucherattraktionen wie dem Heide-Park (Holzachterbahn, Freifallturm etc.) sowie der Soltau-Therme. **E 5/6** SOL ☆

Saale-Orla-Kreis (Sitz in Schleiz, 1994 Th). Gebiet nordöstlich des Frankenwaldes mit reizvoller Seenlandschaft (Hohenwartestausee, Bleilochstausee). **G 10** SOK

Sonneberg (1952 Th). Weit nach Süden vorgelagertes Stadt- und Kreisgebiet am Thüringer Wald. Hist. Spielwarenfertigung (Deutsches Spielzeugmuseum). **G 11** SON

Speyer (Stadtkreis, 1970 RP). Bischofssitz südlich von Ludwigshafen mit berühmtem Speyerer Dom. Ausstellungen, Weinmuseum, Verwaltungshochschule. Stadt Speyer damals (als römische Gründung) Noviomagus oder Civitas Nemetum genannt. **D 13** SP

Spremberg (seit 1994 **SPN**, BBG). Im Süden der Niederlausitz sorbisches Siedlungsgebiet an der Spree. Vor 150 Jahren: geographischer Mittelpunkt des Deutschen Reiches, in Bälde geplant: der Abbau von Kupfererz. **J 8** SPB ○

SPN **Spree-Neiße** (Sitz in Forst/Lausitz, 1993 BBG). Kreisgebiet der südöstlichen Niederlausitz, an der Grenze zu Polen (Autobahn- und Eisenbahnübergang). **J 8**

SPR ☆ **Springe** (seit 1974 **H**, NdS). Im Süden von Hannover zwischen Großem und Kleinem Deister mit viel Buchen- und Eichenwald sowie dem Saupark, heute abgegrenztes Wildgehege, früher das königliche Jagdrevier. **E 7**

SR **Straubing** (Stadtkreis, 1972 Bay). Im Zentrum des fruchtbaren Gäubodens an der Donau wohl erhaltenes Kleinod altdeutscher Städtebaukunst mit zahlreichen Sehenswürdigkeiten wie dem Herzogsschloss. Das alljährliche Gäubodenvolksfest mit der Ostbayernschau ist Bayerns zweitgrößtes Volksfest. **H 14**

SR **Straubing-Bogen** (Sitz in Straubing, 1972 Bay). Umfasst Gäuboden, Donauregion und Teile des Bayer. Waldes. Heimat des weiß-blauen bayerischen Rautenwappens, das auf die Grafen von Bogen zurückgeht. **H 14**

SRB ● **Strausberg** (seit 1994 **MOL**, BBG). Seen- und waldreiche Landschaft mit der Hochfläche des Barnim. **IJ 6**

SRO ● **Stadtroda** (seit 1995 **SHK**, Th). Kreis zwischen Jena und Gera mit dem Großteil des Thüringer Holzlandes. Im Ort der „Rodschen Möhrenschaber" (so der Spottname seit der misslungenen Stadtverteidigung im Jahr 1450) soll Johann Georg Faust geboren worden sein. **G 10**

ST **Steinfurt** (1975 NRW). Im nördl. Münsterland zwischen Holland und Osnabrück. Bekannt durch Textilindustrie, Maschinenbau und Wasserschlösser. Reizvolle Landschaft, voran das Bagno, ein grüner Vergnügungspark aus dem 18. Jahrhundert mit einer der ältesten freistehenden Konzerthallen Europas. **C 7**

STA ☆ **Starnberg** (1939 Bay). Bekannt als malerisches Fünf-Seen-Land. Das Kreisgebiet erstreckt sich über den Nordwesten des Starnberger Sees, den Weßlinger See, Wörthsee, Pilsensee und den Osten des Ammersees. Landschaftlich schön zwischen München und den Alpen im Süden. In Starnberg bilden die Maximilianstraße und See-Arkaden eine reizvolle Flaniermeile. **G 16**

Sternberg (ab 1994 **PCH**, MV). Den kleinen Kreis bei Schwerin mit Seen, Wäldern, den Flüssen Wornow und Mildenitz dominierten Agrar- und Forstwirtschaft. **G 4** STB ●

Stade Das Alte Land zwischen Hamburg und Stade ist Apfelland, außerdem prägen den wirtschaftsstarken Kreis (E.ON, AOS, Airbus etc.) die Landschaft Kehdingen und die Stader Geest. Besonders während der Obstbaumblüte zeigt sich das westliche Naherholungsgebiet der Hamburger von seiner idyllischen Seite. Auch zur Naturbeobachtung locken abwechslungsreiche Landschaften wie der Elbstrom, die Flusstäler und die Hochmoore. **E 4** STD

Staffelstein (seit 1974 **LIF**, Bay). Im „Gottesgarten am Obermain" mit der nach Plänen von Baltasar Neumann gebauten und den heiligen 14 Nothelfern geweihten Wallfahrtsbasilika „Vierzehnheiligen", dem Kloster/Schloss Banz und dem Staffelberg. **FG 11** STE ●

Stadthagen (seit 1978 **SHG**, NdS). Markant in Stadthagens Geschichte: die Weserrenaissance, deren Architektur noch heute die Stadt schmückt, und der Steinkohleabbau, heute meist stillgelegte Industrieruinen. **E 7** STH ☆

Stollberg (seit 2008 **ERZ**, Sa). Am Nordrand des Erzgebirges. Burg Hoheneck machte Karriere als Kgl.-sächsisches Weiberzuchthaus, dann politisches Frauengefängnis (DDR) bis hin zum Museum in der Gegenwart. **H 10** STL ●

Stockach (seit 1973 **KN**, BW). Vom Badischen Heuberg (Schwäbische Alb) bis zum Hegau und Überlinger See (Bodensee) reichend. Herausragend: das Stockacher Narrengericht am Schmotzigen Dunschtig. **E 16** STO ☆

Rhein-Sieg-Kreis (Sitz in Siegburg, 1969 NRW). Im Osten und Westen die Stadt Bonn umgebend („Halskrause"), landschaftlich reizvoll, viele Verkehrsachsen. Schöne Städte sind Siegburg und Königswinter. **C 10** SU

Südliche Weinstraße (Sitz in Landau, 1969 RP). Das Buchstabenkürzel klingt fast wie die Erwerbsquelle. Schon Kaiser und Könige stritten um den „Weinkeller des Hl. römischen Reiches deutscher Nation". **D 13** SÜW

SUL ⭘ **Sulzbach-Rosenberg** (seit 1974 **AS**, Bay). Im Oberpfälzer Jura am Ostrand der Fränkischen Alb. **G 12**

SW **Schweinfurt** (Stadtkreis, 1972 Bay). Die ehemalige Freie Reichsstadt am Main verwandelte sich vor rund 100 Jahren in ein Tüftler- und Industriezentrum. Älteste naturwissenschaftliche Akademie „Leopoldina". **F 11**

SW **Schweinfurt** (1939 Bay). Grüne Lunge um die Industriestadt und die Autobahnachsen; schön das Schloss Mainberg, beliebte Genüsse sind Wein, Spargel und die „Schweinfurter Schlachtschüssel". **F 11**

SWA ⭘ **Bad Schwalbach** (seit 1980 **RÜD**, He). Nordwestlich von Wiesbaden und Taunus mit erlauchter Kur-/Bädertradition (Sisi, Eugenie, Zarenfamilie) in der Kreisstadt und Räubergerüchten: Gebar hier im Wald doch Katharina Pfeiffer dem Schinderhannes ein Kind. **D 11**

SY ⭘ **Grafschaft Hoya** (seit 1979 **DH**, NdS). Mit Verwaltungssitz in Syke, der Aura einer untergegangenen Grafendynastie (Hoya), viel Natur, auch in der Stadt Syke, dem Naturpark Wildeshauser Geest und Westermark. **D 6**

SZ **Salzgitter** (Stadtkreis, 1941 NdS). Drittgrößter Industriestandort in Niedersachsen (Stahl, Fahrzeugbau). Hier zu finden: Salzgittersee und Salzgitter-Bad. **F 7**

SZB ⭘ **Schwarzenberg** (seit 1994 **ERZ**, Sa). Im westlichen Erzgebirge sind Erzbergbau, Uranabbau, die VEB Waschgerätefabrik (sämtliche Waschmaschinen für die DDR) längst passé, der Imagewandel der Gegenwart setzt auf Tourismus innerhalb des Städtebunds Silberberg. **H 10**

TBB **Main-Tauber-Kreis** (Sitz in Tauberbischofsheim, 1973 BW). Kreisgebiet mit Anteilen am Bauland sowie Ausläufern des Spessarts. Nette Altstadt im Tauberbischofsheim im „Lieblichen Taubertal" und am Beginn der „Romantischen Weinstraße". **E 12**

TDO **Nordsachsen** (Sitz in Torgau, 2008 Sa). Torgau, eine der schönsten Renaissancestädte Deutschlands, wurde bereits vor über 1025 Jahren gegründet. Im 16. Jh. war es das politische Zentrum Sachsens. **H 8**

Tecklenburg (seit 1975 **ST**, NRW). Am Teutoburger Wald um das „westfälische Rothenburg" (viele Fachwerkhäuser und mittelalterliche Bausubstanz). **C 7** TE ⭘

Teterow (ab 1994 **GÜ**, MV). Kreis am geographischen Mittelpunkt Mecklenburg-Vorpommerns. Auf Europas größter Natur-Grasbahn, dem Bergring, finden spektakuläre Motorradrennen statt. **H 4** TET ⭘

Teltow-Fläming (Sitz in Luckenwalde, 1993 BBG). Grenzt an Berlin. Im Norden Großstadt-Randgebiet, im Süden große Waldflächen. Reizvolle Seenlandschaft. **I 7** TF

Torgau (ab 1995 **TO**, Sa). Weltberühmt ist das Foto vom 26.04.1945, an dem sich die alliierten Truppen der USA und Sowjets an der Elbbrücke bei Torgau trafen, um das hist. Ereignis vom Vortag zu dokumentieren. **H 8** TG ⭘

Tirschenreuth (1972 Bay). Land der tausend Teiche (Große Teichpfanne) im Oberpfälzer Wald. **H 12** TIR

Torgau-Oschatz (seit 2008 **TDO**, Sa). Der bisherige Kreis Torgau um den Landkreis Oschatz erweitert. **H 8** TO ⭘

Bad Tölz-Wolfratshausen (Sitz in Bad Tölz, 1972 Bay). Im oberen Isartal wichtiger Teil der Seen-Perlenkette im Alpenvorland zwischen München und Karwendel. Sehr schön dort: Bad Tölz und Benediktbeuern. **G 16** TÖL

Eiderstedt (seit 1970 **NF**, SH). Die Halbinsel Eiderstedt war das Gebiet, Tönning die Kreisstadt, St. Peter-Ording das Nordseeheil- und Schwefelbad und der Leuchtturm Westerheversand das Wahrzeichen des Kreises. **D 3** TÖN ☆

Templin (seit 1994 **UM**, BBG). Viel Wald und Uckermärkische Seen um Templin, in der Kreisstadt mittelalterliche Wehranlagen und drei imposante Stadttore. **I 5** TP ⭘

Trier (Stadtkreis, 1969 RP). Älteste Stadt in Deutschland, 16 v. Chr. durch Kaiser Augustus unter dem Namen Augusta Treverorum gegründet. Mit der Porta Nigra und anderen römischen Gebäuden (u.a. Amphitheater, Kaiserthermen, Kostantinbasilika) ist Trier die berühmteste Stadt an der Mosel. **B 12** TR

TR **Trier-Saarburg** (Sitz in Trier, 1969 RP). Das Umland der Stadt Trier ist Teil des pfälzischen Saargebietes mit Anteil am Hunsrück (Hermeskeil, Lokmuseum). Bedeutender Weinbau Mosel-Saar-Ruwer. **B 12**

TS **Traunstein** (1972 Bay). Seenland vor den Salzburger Alpen. Mit dem Chiemsee (Schloss Herrenchiemsee), Reit im Winkl und der Tiroler Ache. **H 16**

TT ⭘ **Tettnang** (seit 1973 **FN**, BW). Klassisches Hopfenanbaugebiet im Hinterland des Bodensees. In Tettnang Hopfenmuseum, Hopfenpfad bis zur Kronenbrauerei (Motto: „Vom Bauer zum Brauer") und Hopfensau-Parade. **E 16**

TÜ **Tübingen** (1934 BW). Die Kreisstadt im Süden Stuttgarts ist für ihr hist. Stadtbild mit dem Hölderlin-Turm berühmt, die Lebendigkeit aber kommt aus der ewig jungen Universität. Im Kreis nette Orte. **E 14**

TUT **Tuttlingen** (1938 BW). Südlichster württembergischer Kreis mit Anteilen der Schwäbischen Alb und des Donautals (Donauversickerung hin zur Aach und Bodensee), schmucke Kreisstadt, Burgruine Honberg. **D 16**

UE **Uelzen** (1885 NdS). Kreisgebiet der östlichen Lüneburger Heide, mit Eisenbahn-Hauptachsen. Schleuse am Elbe-Seitenkanal (die größte Kanalschleuse Deutschlands), Museen in Hösseringen und Suderburg. **F 5/6**

ÜB ⭘ **Überlingen** (seit 1973 **FN**, BW). Zwischen Hegau und Linzgau am Nordufer des Bodensees. Reizvolle Kreisstadt dank der historischen Bausubstanz aus Zeiten, als Überlingen noch freie Reichsstadt war. Noch (viel, viel) älter: die Pfahlbauten in Unteruhldingen. **E 16**

UEM ⭘ **Ueckermünde** (ab 1994 **UER**, MV). Am und südlich vom Stettiner Haff mit dem größten Waldgebiet Vorpommerns in der Ueckermünder Heide. **IJ 4**

UER **Uecker-Randow** (Sitz in Pasewalk, 1995 MV). Der Stadtkern Pasewalks, Kreisstadt bis zur Eingliederung in den Landkreis Vorpommern-Greifswald 2011, in der ländlichen Uckermark im Westen Stettins ist schachbrettartig angelegt. **IJ 4**

Uffenheim (seit 1974 **NEA**, Bay). In der mittelfränk. Kreisstadt erfolgt der adidas-Versand nach Europa. **F 12**
UFF ○

Unstrut-Hainich-Kreis (Sitz in Mühlhausen, 1995 Th). An der oberen Unstrut mit vielseitiger Industrie und kernigen Ackerböden. Kurort Bad Langensalza. **F 9**
UH

Ulm (Stadtkreis, 1973 BW). Schwäbische Stadt mit höchstem Kirchturm der Welt (161,80 m, 768 Stufen führen hinauf, Ev. Münster). Von hier gingen früher die Auswanderer nach Südosteuropa auf die Reise. **E 15**
UL

Alb-Donau-Kreis (Sitz in Ulm/Donau, 1973 BW). Landkreis zwischen Alb und Oberschwaben. Reizvoll: Blautopf (Quelle) mit Kloster in Blaubeuren. **E 15**
UL

Uckermark (Sitz in Prenzlau, 1993 BBG). Landschaft, nichts als Landschaft, so weit das Auge reicht. Naturidyllische, seenreiche Lage vor polnischer Grenze. Aber auch hist. Städte wie Prenzlau, Schwedt, Templin. **I 5**
UM

Unna (1930 NRW). Auf der Städte- und Verkehrsachse zwischen Ruhrgebiet und Hamm/Bielefeld. Der Kreis ist wichtiges Warenverteil- und Logistikzentrum. **C 8**
UN

Usingen (seit 1972 **HG**, He). Im Norden von Frankfurt im Hintertaunus „Usinger Buchfink" erlebt im „Buchfinkenland" (Messe, Buchpreis etc.) der Heimatbegriff seine Renaissance. **D 11**
USI ○

Vogtlandkreis (Sitz in Plauen, 2008 Sa). Ganz im Südwesten Sachsens prägen die Berge der Vogtländischen Schweiz samt Talsperren sowie die vogtländische Kuppenlandschaft die Geographie. Eine lange Tradition haben die Sächsischen Staatsbäder Bad Brambach und Bad Elster sowie die berühmte Plauener Spitze. **H 10/11**
V

Vaihingen (seit 1973 **LB**, BW). Landkreis im Osten des Kraichgaus und am Stromberg um Vaihingen an der Erz, die „Stadt der Rebe und des Weins". **DE 14**
VAI ○

Vogelsbergkreis (Sitz in Lauterbach, 1972 He). Im Zentrum des Vogelsberges mit schönen Fachwerkstädtchen wie Alsfeld und Bad Lauterbach. **E 10**
VB

VEC **Vechta** (1938 NdS). Vermittler zwischen Münsterland und Oldenburg, wichtige Verkehrsachsen (A 1, bekanntes Brückenrestaurant), moderne Industrie. **D 6**

VER **Verden** (Sitz in Verden-Aller, 1939 NdS). Zwischen Weser und Heide. Im Blick: Künstlerdorf Fischerhude, Lintelner Geest, die Kreisstadt mit Dom. **E 6**

VG **Vorpommern-Greifswald** (Sitz in Greifswald, 2012 MV). Im Zuge der Kreisgebietsreform von 2011 („Schaffung zukunftsfähiger Strukturen") aus der Stadt Greifswald, den Landkreises Ostvorpommern, Uecker-Randow und Teilen des Landkreises Demmin gebildet. Die Küstenlage zwischen Greifswalder Bodden und Stettiner Haff ist landschaftsprägend. **I 3**

VIB ⭘ **Vilsbiburg** (seit 1974 **LA**, Bay). Typisch niederbayerischer Landkreis im Südosten von Landshut. Stadt Vilsbiburg erhielt ihren Namen vom Fluss Große Vils. **H 15**

VIE **Viersen** (1975 NRW). Kleiner, aber recht dicht besiedelter Kreis zwischen Krefeld und Venlo, früher bei Geldern. Romantisch: die Burg in Kempen. **B 9**

VIT ⭘ **Viechtach** (seit 1974 **REG**, Bay). Heute ist es das Nostalgie-Haus am Marktplatz in der Kreisstadt, früher dort ebenso nostalgisch die Dr.-Eisenbarth-Spiele und das Sittenfest. **H 13**

VK **Völklingen** (Stadtkreis, SA) Als Umland zum Stadtverband Saarbrücken gehörig, behielt die Industriestadt an der Saar (Alte Völklinger Hütte, heute als Weltkulturerbe in die Liste der Kulturdenkmäler der UNESCO aufgenommen) ihr Autokennzeichen. **B 13**

VL ☆ **Villingen** (seit 1973 **VS**, BW). Der badische Teil des heutigen „grenzüberschreitenden" Kreises VS (Baden und Württemberg), größtenteils im Schwarzwald und mit einem Anteil an der Baar. **D 15**

VOF ☆ **Vilshofen** (seit 1974 **PA**, Bay). Hier hatte der Politische Aschermittwoch 1919 zuerst des Bayerischen Bauernbundes, ab 1948 der Bayernpartei, ab 1953 dann der CSU seinen Ursprung. **I 14**

Vohenstrauß (seit 1974 **NEW**, Bay). Im Oberpfälzer Wald nahe der tschechischen Grenze; am alten Handelsweg Via Carolina, heute an der Autobahn A 6. **H 12** VOH ●

Vorpommern-Rügen (Sitz in Stralsund, 2012 MV). Das Zusammenwachsen der ehemaligen Landkreise Vorpommern, Rügen und der früher kreisfreien Stadt Stralsund symbolisiert verkehrstechnisch die neue Rügenbrücke (2007) über den Strelasund. **I 2/3** VR

Schwarzwald-Baar-Kreis (Sitz: Villingen-Schwenningen, 1973 BW). Symbolisch ist an der Neckarquelle die Vereinigung gelungen: zwischen Schwenningen und Villingen, Württemberg und Baden. Grandios: die Triberger Wasserfälle. Renommiert: die Uhrenindustrie. **D 15** VS

Wuppertal (Stadtkreis, 1975 NRW). „Einmal im Leben durch Wuppertal schweben". Die einzigartige Schwebebahn befördert täglich 75.000 Personen in luftiger Höhe durch die bergische Metropole, südlich des Ruhrgebiets als „Großstadt im Grünen" apostrophiert. **C 9** W

Waldeck (seit 1974 **KB**, He). Im Osten des Rothaargebirges mit dem Waldeckschen Upland und Ausläufern des Sauerlandes. In der Kreistadt und Verwaltungssitz Korbach besitzt der Eisenberg goldhaltige Erze. **D 9** WA ●

Warendorf (1992 NRW). Der Pferdekreis im Land NRW. Zuhause des Deutschen Olympischen Komitees für Reiterei und einer Bundeswehrsportschule. **CD 8** WAF

Wartburgkreis (Sitz in Bad Salzungen, 1995 Th). An der Werra in einer Senke zwischen Thüringer Wald und Rhön gelegen. Wirtschaftliche Bedeutung hat der Kalibergbau, schön ist das Jagdschloss Wilhelmstal. **F 10** WAK

Wanne-Eickel (seit 1975 **HER**, NRW). Wanne-Eickel war eine kreisfreie Stadt bis zum städtischen Zusammenschluss mit Herne im Jahr 1975 und ist die Heimat Adolf Tegtmeiers. **C 8** WAN ●

Warburg (seit 1975 **HX**, NRW). Kreisgebiet in der Warburger Börde im Oberen Weserbergland zwischen Eggegebirge und Westhessischem Bergland. **E 8** WAR ●

WAT ⭘ **Wattenscheid** (seit 1975 **BO**, NRW). Die alten Zechen sind längst geschlossen, geblieben ist Wattenscheids Schutz-Patronin, die Heilige Gertrud. Skurril ist der Kult des besten Null-Sterne-Restaurants im Land beim Profi-Grill in der Bochumer Straße. **C 8/9**

WB **Wittenberg** (2007 SaAn). Mit der Dübener Heide, Deutschlands größtem zusammenhängendem Waldgebiet, und 52 km der Elbe kann dieser bei der Kreisreform 2007 um Teile des Landkreises Anhalt-Zerbst erweiterte Landkreis aufwarten. Das wichtigste Ereignis der Geschichte Wittenbergs war 1517 Luthers Anschlag seiner 95 Thesen an die Tür der Schlosskirche. **H 8**

WBS ⭘ **Worbis** (seit 1995 **EIC**, Th). Im Eichsfeld an der früheren innerdeutschen Grenze mit viel hügeliger Landschaft zwischen Ohmgebirge und Dün. **F 9**

WD ☆ **Wiedenbrück** (seit 1973 **GT**, NRW). Im Osten von NRW mit starker Handwerkertradition (Gilden). Viele gut erhaltene Fackwerkgebäude mit bebilderten Fassaden. **D 8**

WDA ⭘ **Werdau** (seit 1995 **Z**, Sa). An den Ausläufern des Westerzgebirges im Westen von Zwickau. Früher ein Zentrum der Textilindustrie, in der Kreisstadt historischer Stadtkern um Marktplatz und Rathaus. **H 10**

WE **Weimar** (Stadtkreis, 1952 Th). „Die" Stadt der deutschen Klassik nördlich des Thüringer Waldes. Viele Sehenswürdigkeiten, Archive und Museen. 1919 fand im Deutschen Nationaltheater die verfassungsgebende Versammlung zur Weimarer Republik statt. Auf dem Theaterplatz zeugt das Goethe-Schiller-Denkmal vom Wirken der beiden Dichterfürsten in Weimar. **G 10**

WEB ☆ **Westerburg** (seit 1974 **WW**, RP). Im Westerwald um die Stadt Westerburg und ihr prägnantes Schloss. **D 10**

WEG ☆ **Wegscheid** (seit 1974 **PA**, Bay). In der Region Donau-Wald am Südende des Bayerischen Waldes. **I 14**

WEL ⭘ **Oberlahnkreis** (seit 1974 **LM**, He). Im weiten Tal der Lahn zwischen den Mittelgebirgen Taunus und Westerwald um die Kreisstadt Weilburg. **D 10**

Wesermünde (seit 1978 **CUX**, NdS). Der Ort: an der Wesermündung Richtung Cuxhaven, die Zeit: als das mit Geestemünde vereinte Lehe preußisch wurde. **D 4** WEM ✯

Weiden i.d. OPf. (Stadtkreis, 1972 Bay). Historisches Oberpfälzer Städtchen mit sorgsam erhaltenem Stadtbild und guter, moderner Verkehrsanbindung. **H 12** WEN

Wertingen (seit 1974 **DLG**, Bay). Im Norden Augsburgs an der Donau. Nicht nur für Fromme gibt's dort noch immer den Wertinger Bischofskuchen – und für Durstige das hefetrübe, prämierte Wertinger Kellerbier. **F 14** WER ○

Wesel (1975 NRW). Zum Kreis Wesel gehören 13 Städte und Gemeinden. Hochentwickelte Industrie und Logistik. Schöne Landschaft und viel Natur. **B 8** WES

Wolfenbüttel (1974 NdS). Landkreis und Stadt im nördlichen Harzvorland (bei Braunschweig). Eh. Welfenresidenz (Schloss), Lessing- und Fachwerkstadt. **F 7** WF

Wangen (seit 1973 **RV**, BW). Im hügeligen Württembergischen Allgäu, früher mit dem überregional bekannten Bauernmarkt (Viehmarkt), heute Sitz der Allgäuland Käsereien GmbH in der „Brunnenstadt". **E 16** WG ○

Wilhelmshaven (Stadtkreis, 1977 NdS). Wichtiger, weil tiefer Umschlaghafen – auch „erster deutscher Kriegshafen an der Jade" (1869) – am Jadebusen (Nordsee), den mittelalterlicher Sturmfluten geschaffen haben. Heute der größte Standort der deutschen Marine und zweitgrößter der Bundeswehr. **D 4** WHV

Wiesbaden (Stadtkreis, 1972 He). Hessens Landeshauptstadt zwischen Taunus und Rhein. „Tor zum Rheingau", klassizistische Architektur, historisches Kurhaus. **D 11** WI

Bernkastel-Wittlich (Sitz in Wittlich, 1969 RP). Kreis zwischen Eifel und Hunsrück. Schmucke kleine Moselorte sind Traben-Trarbach und Bernkastel-Kues. **B 11** WIL

Wismar (ab 1994 **NWM**, MV). Der landwirtschaftlich geprägte Kreis bildete einen weiten Kragen um die Stadt Wismar. **G 4** WIS ○

WIT ⭘ **Witten** (seit 1975 **EN**, NRW). Stadt im südöstlichen Ruhrgebiet, unmittelbar an der Ruhr gelegen, gilt als eine der Wiegen des Ruhrbergbaus. **C 9**

WIZ ⭘ **Witzenhausen** (seit 1974 **ESW**, He). Das nordhessische Witzenhausen ist als „Geburtsort" der Biotonne und – kulinarischer – als Kirschenanbaugebiet bekannt. **E 9**

WK ⭘ **Wittstock** (seit 1994 **OPR**, BBG). Landkreis in der östlichen Prignitz mit dem Fluss Dosse. In der Kreisstadt Wittstock viel historische Bausubstanz. **H 5**

WL **Harburg** (Sitz in Winsen/Luhe, 1928 NdS). Im südlichen Vorfeld Hamburgs, zwischen Heide und Elbmarsch, mit den Orten Seevetal, Winsen und Buchholz. **F 5**

WLG ⭘ **Wolgast** (ab 1994 **OVP**, MV). Der deutsche Teil der Insel Usedom, dazu ein kleiner Festlandstreifen samt Achterwasser, Peenestrom und Kumminer Wiek. **I 3**

WM **Weilheim-Schongau** (Sitz in Weilheim, 1972 Bay). Im Voralpenland gilt der „Pfaffenwinkel" – Land der Bauern, Künstler und Mönche – als besondere Ecke. **G 16**

WMS ⭘ **Wolmirstedt** (seit 1994 **BK**, SaAn). In der Magdeburger Börde mit der Colbitz-Letzlinger Heide, links der Elbe, vom Mittellandkanal und der Ohre durchkreuzt. **G 7**

WN **Rems-Murr-Kreis** (Sitz in Waiblingen, 1973 BW). An den Entwicklungsachsen Rems und Murr, den beiden namensgebenden Flüssen, zur weitläufigen Wirtschaftsregion Stuttgart gehörend. **E 14**

WND **St. Wendel** (1974 Saar). Im Norden des Saarlandes. Mit dem Bostalsee größter Freizeitsee in Südwestdeutschland. Hügelige, waldreiche Landschaft, die schon mehrmals Austragunsort der Querfeldein-Weltmeisterschaft (Radsport) war. **C 12/13**

WO **Worms** (Stadtkreis, 1970 RP). Mit romanischem Kaiserdom bedeutende Stadt der deutschen Geschichte. Bereits im 9. Jh. machte Karl der Große Worms zu seiner Winterresidenz. In der Rheinebene zwischen Mainz und Ludwigshafen angesiedelt. **D 12**

Wolfsburg (Stadtkreis, 1951 NdS). Die „Volkswagen-Stadt" war Neugründung im III. Reich um die Wolfsburg und den Ort Fallersleben zum Bau des „KdF-Wagens". (KdF: die nationalsozialistische Organisation „Kraft durch Freude". Deren für alle erschwingliche „Volkswagen" wurden jedoch nie an Privatpersonen übergeben). Fallersleben ist der Geburtsort von A. H. Hoffmann, dem Dichter des „Lieds der Deutschen". **F 6/7** WOB

Wolfhagen (seit 1972 **KS**, He). Kleiner nordhessischer Kreis mit Burgen, Schlössern und Ruinen um Wolfhagen, in dessen Zentrum reichhaltig Fachwerk. **E 9** WOH **o**

Wolfach (seit 1973 **OG**, BW). Urtypische Schwarzwaldregion mit dem Kinzigtal, früher mit Flößereitradition, heute Forstwirtschaft und Tourismus. Stadt Wolfach war bis zum 31. Dezember 1972 die Kreisstadt des gleichnamigen Landkreises. **D 15** WOL **o**

Wolfratshausen (seit 1974 **TÖL**, Bay). Zwischen Bad Tölz und München im Bayerischen Oberland mit den Flusstälern der Loisach und Isar, eben dort, wo ein Gasthaus auch mal „Humplbräu" heißen kann. **G 16** WOR **o**

Wolfstein (seit 1974 **FRG**, Bay). Der Kreis an der deutsch-tschechischen Grenze war nach Schloss Wolfstein bei der ehemals selbständigen Gemeinde Ort (Freyung) benannt. **I 14** WOS **o**

Wernigerode (seit 2007 **HZ**, SaAn). Mit dem Brocken, der Rappbode-Talsperre und der „Bunten Stadt im Harz" (Hermann Löns) Wernigerode (u.a. farbenprächtige Fachwerkensembles um den Marktplatz). **F 8** WR **o**

Waren (ab 1994 **MÜR**, MV). Auf der Mecklenburgischen Seenplatte mit der Müritz und dem Kölpinsee. Das Müritzeum, Deutschlands größtes Aquarium für einheimische Süßwasserfische, komplettiert „regenfest" Deutschlands wasserreichste Binnenlandschaft. **H 4** WRN **o**

Wasserburg a. Inn (seit 1974 **RO**, Bay). Herausragendes Bildmotiv im Kreis ist die fast komplett vom Inn umflossene Wasserburger Altstadt mit Brücken, Toren, Burg und Marktplatz (Rathaus, Mauthäuser). **H 15** WS **o**

Die Koordinaten im Text beziehen sich auf die Karte Seite 108.

WSF ○ **Weißenfels** (seit 2007 **BLK**, SaAn). Im Südwesten von Leipzig von der Saale durchkreuzt. Seit Ende der DDR Niedergang der einst bedeutenden Schuhindustrie. In der Kreisstadt Grab von Novalis. **GH 9**

WST **Ammerland** (Sitz in Westerstede, 1972 NdS). Eine idyllische Parklanschaft mit viel Ackerland im nordwestlichen Oldenburger Land. **C 5**

WSW ○ **Weißwasser** (seit 1994 **GR**, Sa). An der deutsch-polnischen Grenze mit ausgedehnten (Kiefern-)Wäldern um Weißwasser und braunkohlereicher Heidelandschaft. Früher wichtiger Standort der Glasindustrie. **J 8/9**

WT **Waldshut** (Sitz in Waldshut-Tiengen, 1973 BW). Kreis am Hochrhein und Südschwarzwald mit Anteilen am Hotzenwald. Weltlich spirituell: die Staatsbrauerei Rothaus, sakraler das Benediktinerkloster St. Blasien. **D 16**

WTL ○ **Wittlage** (seit 1972 **OS**, NdS). Im Osten von Osnabrück mit dem Wiehengebirge (Schwarzer Brink) im Süden sowie Flachland (N) und Moorgebieten (NW). Agrartradition mit vielen Fachwerk-Ackerbürgerhäusern. Der Ort Wittlage verlor 1972 nicht nur den Kreissitz, sondern auch seine Selbstständigkeit (Bad Essen).. **D 7**

WTM **Wittmund** (1980 NdS). Landkreis zwischen Wilhelmshaven und Emden, der eigentlich „Ostfriesland" heißen müsste und den historischen Landstrich Harlingerland mit einbezieht. Herbe Landschaft, Wind und Wellen. Die ostfriesischen Inseln Langeoog und Spiekeroog gehören zum Kreisgebiet. **C 4**

WÜ **Würzburg** (Stadtkreis, 1972 Bay). Überragt von der Festung auf dem Marienberg, interessante Mischung von historischer Großstadt (Kiliansdom, Residenz, Alte Universität, Alter Hafen) und atmosphärischer Kleinstadt zu beiden Seiten des Mains. Mit seinen zahlreichen Weinstuben und Weinkellern ist Würzburg das Herz der Weinregion Franken. **E 12**

WÜ **Würzburg** (1972 Bay). Das Kreisgebiet um die Stadt Würzburg mit Laubwaldgebieten und fruchtbarer Gaulandschaft ist Naherholungsgebiet der Städter. **EF 12**

Waldmünchen (seit 1974 **CHA**, Bay). Im südlichen Oberpfälzer Wald erinnern die Trenck-Festspiele an den berüchtigten Freiherrn, dessen Ansturm 1742 hier Pfarrer Braun und einige Schulkinder trotzten. **H 13** — **WÜM** ⭘

Weißenburg-Gunzenhausen (Sitz: Weißenburg, 1972 Bay). Mitten in den beiden Feriengebieten „Naturpark Altmühltal" und „Neues Fränkisches Seenland". **F 13** — **WUG**

Wunsiedel im Fichtelgebirge (1972 Bay). Aus dem Sechsämterland hervorgegangen, liegt vollständig im Naturpark Fichtelgebirge (Felsenlabyrinth). Traditionelles Zentrum der deutschen Porzellanherstellung. **GH 11** — **WUN**

Wurzen (seit 1994 **L**, Sa). Das Wurzener Land liegt im Osten von Leipzig und war lange Zeit weltlicher Besitz der Bischöfe von Meißen. Hier kam es im Jahr 1542 zur Wurzener Fehde, dem „Fladenkrieg" (die Streitschlichter erhielten Osterfladen), zur Eintreibung der Türkensteuer. Die Stadt Wurzen ist seit 900 Jahren Domstadt und damit zugleich Zentrum und Namensgeberin des Wurzener Landes. **H 9** — **WUR** ⭘

Westerwaldkreis (Sitz in Montabaur, 1974 RP). Um die Stadt Montabaur (Schloss, Wolfsturm, Fachwerk) malerische Mittelgebirgslandschaft als ideales Wander- und Erholungsgebiet (Westerwald Steig, Burg Grenzau, Aussichtsturm Köppel, Westerwalder Seen) im Nordosten von Koblenz. Bekannte „Wäller" Küche. **C 11** — **WW**

Wetzlar (der Altkreis Wetzlar ist im Lahn-Dill-Kreis aufgegangen, doch WZ wird seit 2012 optional wieder für die Stadt vergeben, He). Von der Vergangenheit als Reichsstadt und Sitz des Reichskammergerichts zeugen die prächtige Alt-stadt mit Architektur der Renaissance, Gotik und Barock samt romani-schem Dom. In der Gegenwart bedeutende optische Industrie (Leitz, Zeiss, Minox), u.a. wurde hier die erste Kleinbildkamera (Leica) entwickelt. — **WZ** ⭘

Wanzleben (seit 1994 **BK**, SaAn). Von Landwirtschaft geprägter Kreis in der Magdeburger Börde, dazu mit Erfindergeist: z.B. der tiefgreifende Wanzleber Pflug für Zuckerrübenanbau und der Ausziehtisch. **G 7** — **WZL** ⭘

Die Koordinaten im Text beziehen sich auf die Karte Seite 108.

Z **Zwickau** (2008 Sa). Vereint die früheren Landkreise Chemnitzer Land, Zwickauer Land und die kreisfreie Stadt Zwickau. Viele Altstädte, Burgen, Schlösser und Marktplätze im Tal der Zwickauer Mulde zeugen von mittelalterlicher Bedeutung, im 15. Jh. kam dazu Silber, in der Neuzeit der Trabbi und schließlich die Kfz-Zulieferer-, Metall-, Textilindustrie und Maschinenbau. **H 10**

ZE ○ **Zerbst** (seit 1994 **ABI**, SaAn). Rechterhand der Elbe im Norden von Dessau. Das Residenzschloss der Fürsten von Anhalt-Zerbst ist nur noch als rudimentäre Ruine erhalten. Kontrastreiche Statuen in der Kreisstadt: hier Katharina die Große und Roland, dort Butterjungfer und Zerbster Wasserjette. **H 7/8**

ZEL ○ **Zell/Mosel** (seit 1969 **COC**, RP). Viel Mosel, Weinbau (Riesling, „Zeller Schwarze Katz" ..., Zell ist mit 331 ha bestockter Rebfläche die zweitgrößte Weinbaugemeinde der Mosel) und ein bisschen Hunsrück. **C 11**

ZI ○ **Löbau-Zittau** (seit 2008 **GR**, Sa). Ganz im Osten von Sachsen, dort wo die Spree entspringt, mit Anteil an deutsch-polnischer (Osten) sowie deutsch-tschechischer (Süden) Grenze. **J 9/10**

ZIG ○ **Ziegenhain** (seit 1974 **HR**, He). Nordhessischer Kreis im Süden von Kassel zwischen dem Knüllgebirge und der Schwalm. Namensgebend waren die Grafen von Cigenhagen (12./13. Jh.). **E 10**

ZP ○ **Zschopau** (seit 1994 **ERZ**, Sa). An den Ausläufern des Erzgebirges, landschaftlich vom Zschopautal dominiert, bedeutende Vergangenheit in der Motorradindustrie (Motorenwerke Zschopau, DKW). **HI 10**

ZR ○ **Zeulenroda** (seit 1995 **GRZ**, Th). Im Südosten von Thüringen setzt man nach dem Niedergang der Gummi-, Möbel und Wirkwarenindustrie verstärkt auf Tourismus, besonders um die Talsperre der Weida. **G 10**

ZS ☆ **Zossen** (seit 1994 **TF**, BBG). Im Süden von Berlin wird gegenwärtig mit günstigen Hebesätzen unternehmensfreundliche Politik betrieben. Berliner Morgenpost: „Das kleine Zossen zeigt's den Großen." **I 7**

Zweibrücken (Stadtkreis, 1972 RP). Auf der „Pfälzer Seite" des Saargebietes an der alten Fernstraße Rhein-Lothringen. Durch die Jahrhunderte wechselnde Besitzrechte. Burg und Stadt am Schwarzbach waren im II. Weltkrieg hart umkämpft. **C 13** **ZW**

Zeitz (seit 1994 **BLK**, SaAn). Zwischen Leipzig und Gera an der Weißen Elster. Wichtige Industriezweige waren der Holzwaren- und Kinderwagenbau. Heute im Ort: das Deutsche Kinderwagenmuseum. Unbedingt sehenswert, auch wenn diese definitiv ohne Kennzeichen sind! **H 9** **ZZ** ●

Europäische Nationalitätszeichen

Die ovalen Nationalitätszeichen sind für Auslandsfahrten am Heck des Fahrzeuges Pflicht, und eine Unterlassung kann mit Bußgeld belangt werden. Eurokennzeichen mit integriertem Landeskennzeichen reichen für Fahrten innerhalb der EU aus.

A	Österreich
AL	Albanien
AND	Andorra
B	Belgien
BG	Bulgarien
BiH	Bosnien & Herzegowina
BY	Belarus
CH	Schweiz
CY	Zypern
CZ	Tschechien
DK	Dänemark
D	Deutschland
E	Spanien
EST	Estland
F	Frankreich
FIN	Finnland
FL	Liechtenstein
GR	Griechenland
GB	Großbritannien
H	Ungarn
HR	Kroatien
I	Italien
IRL	Irland
IS	Island
L	Luxemburg
LT	Litauen
LV	Lettland
M	Malta
MC	Monaco
MD	Moldau
MNE	Montenegro
N	Norwegen
NL	Niederlande
NMK	Nordmazedonien
P	Portugal
PL	Polen
RKS	Kosovo
RO	Rumänien
RSM	San Marino
RUS	Russland
S	Schweden
SK	Slowakei
SLO	Slowenien
S.M.O.M.	Souveräner Malteserorden
SRB	Serbien
TR	Türkei
UA	Ukraine
V	Vatikanstadt

Nicht offiziell, doch seitens der Behörden toleriert und in den britischen Landesteilen immer wieder anzutreffen, sind in Wales **CYM** („Cymrus"), in Nordirland **NI** (Northern Ireland), ebenso **SCO** in Schottland.

Dazu kommen für die der französischen Nordküste vorgelagerten britischen Kanalinseln sowie britischen „Überseegebiete": **GBA** (Alderney), **GBG** (Guernsey), **GBJ** (Jersey), **GBM** (Isle of Man), **GBZ** (Gibraltar) sowie **SCY** für die Scilly Islands an der Südwestspitze Englands.

Åland – mit dem Status einer autonomen Region in Finnland – wurde als offizielles Nationalitätszeichen **AX** zugeordnet, das gleichberechtigt zum landesüblichen FIN verwendet werden kann.

SONDERKENNZEICHEN

Sonderkennzeichen für **Diplomaten, Behörden** und **öffentliche Einrichtungen**

0 Fahrzeuge des Diplomatischen Korps

Auf dem Kennzeichenschild des Diplomatischen Korps folgen rechts der Null eine bis zu dreistellige Nummerngruppe, die der Kennziffer des jeweiligen Staates entspricht, ein Bindestrich und eine weitere Zahl. Diese bezieht sich auf den Dienstgrad des Diplomaten, wobei die 1 dem jeweiligen Botschafter vorbehalten ist. Kennzeichen von Dienstfahrzeugen der Botschaftsmitarbeiter ohne Diplomatenstatus (technischer oder Verwaltungsbereich) beginnen links nicht mit einer 0, sondern mit B (Berlin) oder BN (Bonn), entsprechend dem jeweiligen Zulassungsbezirk der Botschaft.

0-1 Bundespräsident

Mit dem Kennzeichen 0-1 ist der Dienstwagen des deutschen Bundespräsidenten im offiziellen Einsatz unterwegs. Außerdem ist die gepanzerte Limousine dann oberhalb des rechten Kotflügels mit seiner Standarte dekoriert – dem schwarzen Bundesadler im rotumrahmten gelben Quadrat. Als Fahrer ist ein Beamter des Bundeskriminalamts im Einsatz, dessen Sonderqualifikation außer Personenschutz im Führen von besonders schweren und gepanzerten Fahrzeugen unter „besonderen Bedingungen" besteht.

0-2 Bundeskanzler

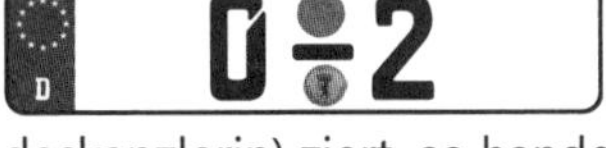

Auch wenn es nur die Nummer 2 ist (0-2), die das Dienstfahrzeug des Bundeskanzlers (oder Bundeskanzlerin) ziert, so handelt es sich bei dem Insassen doch um den deutschen Regierungschef, dem faktisch mächtigsten deutschen Amtsträger, der die Richtlinien der Politik (Richtlinienkompetenz) bestimmt und die Regierungsverantwortung gegenüber dem Bundestag trägt.

0-3 Außenminister

Als einzigem Bundesminister ist es dem Bundesminister des Auswärtigen vergönnt, eine repräsentative „0-X"-Nummer (0-3) an seinem Dienstwagen zu führen. Innerhalb der Richtlinien des Bundeskanzlers bestimmt der Außenminister die deutsche Außen- sowie Europapolitik.

0-4 Erster Staatssekretärs des Auswärtigen Amtes

0-4 ist das Kfz-Kennzeichen des Dienstfahrzeugs des Ersten Staatssekretärs des Auswärtigen Amtes. Die frühere Vergabe der Sonderkennzeichen 0-5 bis 0-9 an die weiteren Staatssekretäre des Auswärtigen Amtes wurde eingestellt.

1-1 Bundestagspräsident

Nach dem Bundespräsidenten – und noch vor dem Bundeskanzler! – bekleidet der Bundestagspräsident protokollarisch das zweithöchste Amt im Staat. Denn er ist der Repräsentant des Bundestags und damit der Legislative. Dass der Bundestagspräsident an seinem Dienstfahrzeug kein gewöhnliches BD-Kennzeichen für den Deutschen Bundestag führen muss, sondern dieses mit einem „besonders repräsentativen und hoheitlichen" 1-1 ausgestattet ist, geht auf Initiative des damaligen Bundestagspräsidenten Dr. Dr. Eugen Karl Albrecht Gerstenmaier zurück, seines Zeichens CDU-Mitglied und Verfechter der (atomaren) Wiederbewaffnung. Wohlwollend konnte dieser die Einführung des Sonderkennzeichens 1-1 für den Bundestagspräsidenten zum 1. März 1957 zur Kenntnis nehmen.

AD/AF/HK/IF Privatfahrzeuge der Angehörigen der US-Armee (auslaufend)

Kennzeichen mit AD und AF wurden von Mitte 2000 bis Ende 2005, HK bis 2009 an Privatfahrzeuge von Angehörigen in Deutschland stationierter US-Streitkräfte vergeben. AD wurde bei Kennzeichenschildern in Standardgröße, AF bei kleineren oder zweizeiligen Schildern verwendet. Aufgrund der möglichen Schlussfolgerung AF = American Forces oder Air Force ersetzten die Militärbehörden AF durch das damals keinem deutschen Zulassungsbezirk zugeordnete HK (heute das Unterscheidungszeichen des Heidekreises). Bei dienstlich zugelassenen Fahrzeugen fand die Buchstabenkombination IF Verwendung. Um definitiv alle Auffälligkeiten zu vermeiden, werden seit 2006 an in Deutschland stationierte US-Soldaten und deren Familienangehörige deutsche Kfz-Kennzeichen des jeweiligen Zulassungsbezirks der Militäreinrichtung vergeben.

BD Bundestag, Bundesrat, -präsidialamt, Bundesverfassungsgericht, Regierungsorgane

Sämtliche Dienstfahrzeuge o.g. Organe führen das Kfz-Kennzeichen BD (Bundesrepublik Deutschland), sowie sie nicht unter 0-1 bis 1-1 fallen.

BG Bundesgrenzschutz (auslaufend)

BG steht für Bundesgrenzschutz, der am 1. Juli 2005 in Bundespolizei (aktuelles Kennzeichen BP) umbenannt wurde. Deswegen wird das Kennzeichen BG nicht mehr zugeteilt, ist aber bis zu dessen Auslaufen, also Stilllegung der vor dem 30. April 2006 zugelassenen Fahrzeuge (Erstzulassung), weiterhin gültig.

BP Dienstfahrzeuge der Bundespolizei

Bis zu ihrer Privatisierung in den 1990er Jahren kennzeichnete BP die Deutsche Bundespost, dem sich die Kennziffern 10–59 für Postdienst sowie 60–99 für Fernmeldedienst anschlossen (bis 1997). Seit 30. April 2006 ist BP das Kfz-Kennzeichen der Bundespolizei. Rechts schließt sich nach dem Siegel mit der Aufschrift „Bundesrepublik Deutschland" die durch Bindestrich getrennte Seriennummer an. Deren linker 2-stelliger Teil bezieht sich auf die Art des Kraftfahrzeugs: 10–12 (Motorräder), 15–19 (Personenkraftwagen), 20–24 (geländegängige Pkw), 25–29 (Kleinbusse), 30–39 (größere Pkw/kleinere Lkw), 40–49 (Lkw, Omnibusse), 50–54 (gepanzerte, sondergeschützte Kraftfahrzeuge), 55 (Anhänger).

BW Bundes-Wasser- und Schiffsverwaltung

BW ist das Kfz-Kennzeichen der Bundes-Wasser- und Schifffahrtsverwaltung. Eine regionale Zuordnung des Fahrzeuges ist möglich durch die Zulassungsplakette des Kreises, in dem das Fahrzeug angemeldet ist, und durch die Seriennummer, jene hat allerdings nur einen Bezug auf die Region der sieben selbständig organisierten Mittelbehörden der Wasser- und Schifffahrtsdirektion (WSD). Die Seriennummer ist zweigeteilt. Sie besteht aus einer Ziffer links – diese steht für die jeweilige WSD –, in der Mitte die Prüf- und Zulassungsplaketten und rechts aus einer fortlaufenden Seriennummer, wobei dort die 1 dem Leiter der jeweiligen Direktion vorbehalten ist. Die

Kennziffern der Wasser- und Schifffahrtsdirektionen und deren Amtssitz lauten: 1 – WSD Nord (Sitz in Kiel), 2 – WSD Nordwest (Sitz in Aurich), 3 – WSD Mitte (Sitz in Hannover), 4 – WSD West (Sitz in Münster), 5 – WSD Südwest (Sitz in Mainz), 6 – WSD Süd (Sitz in Würzburg), 7 – WSD Ost (Sitz in Magdeburg)

CC Konsularisches Korps (ovales Zeichen am Heck)

Im eigentlichen Sinn kein Kfz-Kennzeichen – also nicht wie die anderen hier aufgeführten als Kennziffern oder -buchstaben auf dem Kennzeichenschild –, kennzeichnet es dennoch die Fahrzeuge des Konsularischen Corps als ovaler Aufkleber in Weiß mit schwarzer Umrandung und schwarzer Schrift. CC steht für Consulaire Corps (frz., Konsularischer Korps).

CD Diplomatisches Korps (ovales Zeichen am Heck)

Das Diplomatenkennzeichen CD (frz.: Corps Diplomatique, Diplomatisches Korps) wird wie CC als ovaler, weißer Aufkleber mit schwarzer Schrift und Umrandung am Fahrzeugheck angebracht.

THW Technisches Hilfswerk

Seit 1997 ist THW das Unterscheidungszeichen des Technischen Hilfswerks. Ausgegeben werden die Kennzeichen von der Kfz-Zulassungsstelle des Beschaffungsamtes des Bundesministeriums des Innern in Bonn (Plakettentext: Bundesrepublik Deutschland * Beschaffungsamt des BMI Kfz-Zul.-St.). Es folg(t)en 3- bis 5-stellige mit einer 8 beginnende Erkennungsnummern. Aufgrund des wachsenden Fahrzeugbestandes des THW war ab 2004/05 das Kontingent der 8er-Nummern erschöpft, so dass zusätzlich 9er-Nummen (4- oder 5-stellig) für das Technische Hilfswerk vergeben wurden. Die Ziffernanzahl erlaubt Rückschlüsse auf die „organisatorische Herkunft" des Fahrzeugs: 4-stellige Nummern benutzen die Landesverbände, 5-stellige die Ortsvereine. Der oberen Leitungsebene des Technischen Hilfswerks sind die Kennzeichen THW 8000 bis THW 8009 vorbehalten.

X Fahrzeuge der NATO-Hauptquartiere

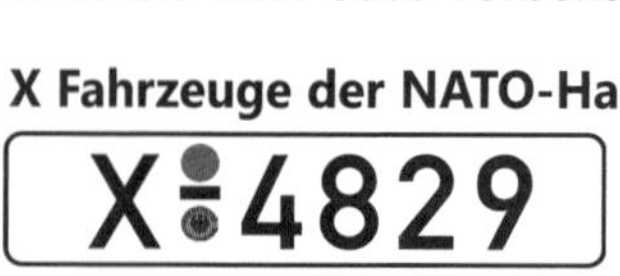

Was der Bundeswehr ihr Y ist, ist den Fahrzeugen der NATO-Hauptquartiere ihr X. Mit deutlich geringerer Anzahl an Fahrzeugen als die Bundeswehr ausgestattet, kann man sich nach dem X (links) und Bindestrich auf eine 4-stellige Seriennummer (rechts) beschränken. Gemeinsame Merkmale mit den Y-Kennzeichen der Bundeswehr sind die DIN-1451-Schrift und das einheitliche Zulassungssiegel der „Bundeswehr Zulassungsstelle“. Die Kennzeichenschilder der NATO-Hauptquartiere führen die im „zivilen“ Straßenverkehr übliche Prüfplakette der Hauptuntersuchung und links keinen Streifen mit abgebildeter Deutschlandflagge. Sie gibt es auch in reflektierender Version.

Y Bundeswehr

Y ist das Unterscheidungszeichen der Bundeswehr. Bei deren Einführung war das naheliegende „BW“ bereits andersweitig vergeben. Zudem wurde ein einzelner Buchstabe bevorzugt, um rechts möglichst viel Platz für eine Ziffernfolge zu haben, damit auch bei wachsendem Kontingent an Militärfahrzeugen die Anzahl der möglichen Erkennungsnummern ausreicht. Als einzelne Buchstaben blieben – weil alle anderen ebenfalls an Stadt- oder Landkreise als Unterscheidungszeichen vergeben waren – nur X und Y übrig. Dem Brigadegeneral Kurt Vogel oblag es dann, sich für Y für die deutschen Streitkräfte zu entscheiden.

Die aus militärtaktischen Gründen nichtreflektierenden Kennzeichenschilder beginnen links mit einem die deutsche Flagge abbildenden schwarz-rot-goldenen Streifen, gefolgt von Y, einem Bindestrich über dem Stempel der Zentralen Militärkraftfahrtstelle und der bis zu 6-stelligen Erkennungsnummer rechts. Ranghohe Bundeswehrbedienstete sind auch mit 3-stelligen Erkennungsnummern unterwegs. Exklusiv ist die Y-1 des Dienstfahrzeuges des Wehrbeauftragten des Deutschen Bundestags. Auffallend beim Schrifttypus ist, dass – im Gegensatz zu „zivilen“ Kennzeichen – die Schrift nach DIN 1451 nicht durch die neuere FE-Schrift ersetzt wurde. Kraftfahrzeuge der Bundeswehr werden durch die Zentrale Militärkraftfahrtstelle (ZMK) in Mönchengladbach-Rheindahlen zugelassen. Die Zulassungssiegel sind zusätzlich in die Schilder eingebrannt, um das Entfernen und Fälschen zu erschweren. Sicherheitsüberprüfung und Hauptuntersuchung der Fahrzeuge erfolgen bundeswehrintern und werden durch eigenes Personal gemäß den speziellen technischen Dienstvorschriften (TDv) durchgeführt.

Kennzeichen für Dienstfahrzeuge der Landesregierungen und Landtage respektive Senat, Bürgerschaften und Abgeordnetenhaus; Polizeifahrzeuge:

B	Berlin
BBL	Brandenburg
BWL	Baden-Württemberg
BYL	Bayern
HB	Freie Hansestadt Bremen
HEL	Hessen
HH	Freie und Hansestadt Hamburg
LSA	Sachsen-Anhalt
LSN	Sachsen
MVL	Mecklenburg-Vorpommern
NL	Niedersachsen
NRW	Nordrhein-Westfalen
RPL	Rheinland-Pfalz
SAL	Saarland
SH	Schleswig-Holstein
THL	Thüringen

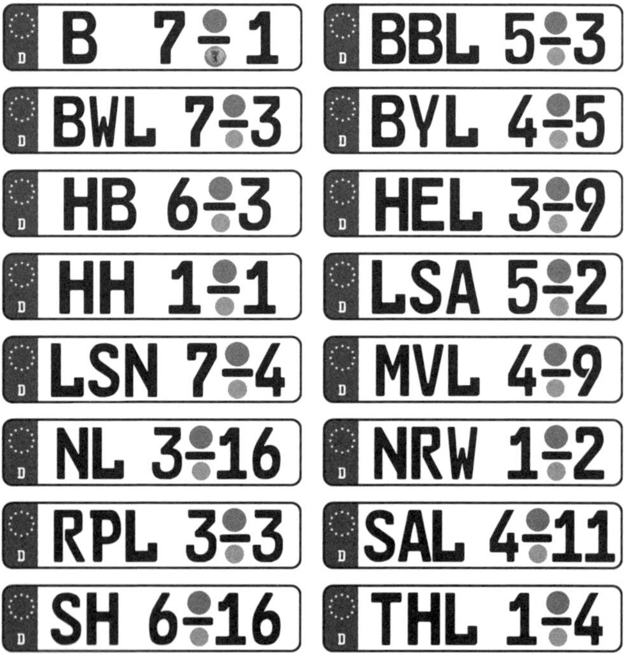

Kennzeichen-Schilder

Standard-Kennzeichen

Die Schilder der Standard-Kennzeichen sind weiß mit schwarzer Schrift. Sie besitzen vorne und hinten am Fahrzeug das Dienstsiegel der Stadt oder des Landkreises der Zulassung. Vor dem 1. Januar 2010 zugelassene Fahrzeuge tragen vorne noch die sechseckige Prüfplakette der Abgasuntersuchung. Seit diesem Datum ist die Abgasuntersuchung Teil der Hauptuntersuchung. Deswegen ist nun die vordere Prüfplakette hinfällig. Die sich hinten am Fahrzeug befindende runde Prüfplakette der Hauptuntersuchung gibt Monat und Jahr der nächsten fälligen Hauptuntersuchung des Fahrzeuges an.

Grüne Autokennzeichen

(wie Standard-Kennzeichen, aber mit grünen Buchstaben und Ziffern) markieren steuerbefreite Fahrzeuge der Land- und Forstwirtschaft, gemeinnütziger Organisationen, bestimmte Anhänger und Arbeitsmaschinen. Die steuerbefreite, nichtgrüne Ausnahme sind Behörden- und diplomatische Fahrzeuge, Linienbusse und Kleinkrafträder.

Oldtimerkennzeichen

mit einem „H" (= historisches Fahrzeug) rechts von den Ziffern können annähernd im Originalzustand erhaltene Fahrzeuge tragen, die mindestens 30 Jahre auf der Motorhaube haben (pauschale Kfz-Steuer von 191 €/Jahr). Bedingung ist ein Gutachten eines amtlich anerkannten Sachverständigen, der die Pflege des kfz-technischen Kulturguts gebührend zu schätzen weiß.

Kennzeichen für Elektrofahrzeuge

E-Kennzeichen sind optisch wie Oldtimer-Kennzeichen aufgebaut, nur dass statt des Buchstabens „H" der Buchstabe „E" rechts hinter der Erkennungsnummer angefügt ist. Bei Fahrzeugen mit Wechselkennzeichen folgt das „E" auf dem fahrzeugbezogenen Teil des Kennzeichens, bei Fahrzeugen mit Saison- und grünen Kennzeichen immer direkt hinter der Erkennungsnummer. Das Elektromobilitätsgesetz (EmoG) gewährt neben reinen Batterieelektrofahrzeugen (BEV) und Brennstoffzellenfahrzeugen (FCEV) auch Hybridfahrzeugen (PHEV) die Verwendung des E-Kennzeichens. „Von außen aufladbare" Plug-in-Hybridautos dürfen jedoch höchstens 50 Gramm CO_2 pro Kilometer aussto-ßen und müssen mindestens 40 Kilometer vollelektrisch zurücklegen können.

Saisonkennzeichen

ersparen Fahrzeughaltern, die ihr Cabrio, Wohnmobil, Motorrad etc. nicht über das komplette Jahr benützen, das sonst obligatorische An- und Abmelden. Am rechten Rand sind der erste und letzte Monat der Gültigkeit eingeprägt (die Spanne reicht von 2–11 Monaten eines Jahres). Außerhalb dieser Betriebszeit dürfen öffentliche Straßen nicht benutzt werden.

Rote Autokennzeichen (I)

bzw. rote Dauerkennzeichen können Personen des Kfz-Gewerbes mit Händlernachweis (Gewerbeschein, Bedarfs-, Versicherungs- und Leumundsnachweis) bekommen. Keinem fixen Fahrzeug zugeteilt, können sie an verschiedenen nicht zugelassenen Fahrzeugen für gewerbliche Zwecke verwendet werden. Schildrand, Buchstaben und mit 06 beginnende Ziffernfolge sind rot.

Rote Autokennzeichen (II)

können als Oldtimerkennzeichen für amtlich anerkannte „junge" Oldtimer mit einem Alter von mindestens 30 Jahren verwendet werden. Diese 07-er-Nummern (die Ziffernfolge beginnt stets mit 07, Buchstaben und Rand sind rot) können für bis zu zehn Fahrzeuge verwendet werden, verlangen aber die Einhaltung von Restriktionen: Fahrtenbuch, Fahrten nur zu Oldtimer-Meetings, zu Werkstattbesuchen, keine Nutzung als Alltagsauto etc.

Wechselkennzeichen

Das 2012 in Deutschland eingeführte Wechselkennzeichen für zwei Autos, die derselben EU-Fahrzeugklasse angehören, hat sich bisher kaum durchgesetzt. Denn die praktischen und finanziellen Vorteile sind arg limitiert. So gibt es keine Kfz-Steuerersparnis, das gerade „stillgelegte" Fahrzeug darf nicht auf öffentlichen Straßen, auch nicht auf ausgewiesenen Parkflächen oder Parkplätzen geparkt werden. Einzig bei der Kfz-Versicherung sind Ermäßigungen möglich, denn im Gegensatz zu einem Zweitwagen, darf mit dem Wechselkennzeichen immer nur mit einem Auto gefahren werden. Einzig die Kombination eines Pkws mit einem Wohnmobil, Cabrios bzw. Oldtimer ist per se sinnvoll. Die mehrteiligen Kennzeichen bestehen aus einem gemeinsamen vorangestellten Kennzeichenteil, der mit der Zulassungsplakette samt kleinem „W" über dem Siegel am jeweils genutzten Fahrzeug angebracht wird, und einem kurzen fahrzeugbezogenen Kennzeichenteil mit HU-Plakette, der permanent montiert bleibt und die letzte Ziffer des – zusammengesetzten – Kennzeichens abbildet (zusätzlich das komplette Kennzeichen in winziger Schrift).

Kurzzeit-Autokennzeichen
dienen zu Probe-, Überführungs- oder Prüfungsfahrten nicht zugelassener Fahrzeuge. Sie sind maximal 5 Tage gültig (das Ende der Gültigkeit – Tag, Monat, Jahr – ist rechts im gelben Feld markiert). Das blaue Euro-Feld fehlt, die Ziffernfolge beginnt immer mit 04. Verwaltungsbezirk bzw. Zulassungsstelle können frei gewählt werden.

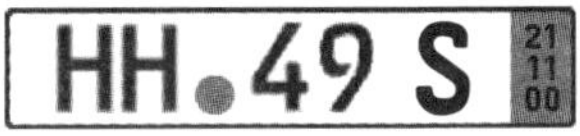

Ausfuhrkennzeichen
erlauben den Export auf eigener Achse ins Bestimmungsland. Im rechten Teil folgen auf eine ein- bis vierstellige Zahl ein Buchstabe und im roten Feld das Ende der Gültigkeit (maximal 1 Jahr) – Tag, Monat, Jahr. Das blaue Euro-Feld fehlt, die Stempelplakette ist rot.

Verkleinerte zweizeilige Kennzeichen
für Leichtkrafträder, diverse Zugmaschinen (max. 40 km/h), die kleiner, zweizeilig und auch als Saisonkennzeichen im Verkehr sind, werden in Ausnahmefällen auch für bestimmte Import-Pkw genehmigt, deren Abmessungen ein Anbringen der Standardkennzeichen nicht oder nur erschwert ermöglichen.